Cocina sana para disfrutar

isasaweis

MÁS DE 100
RECETAS
Y SUS MEJORES
TRUCOS

OBERON

Diseño y maquetación:
CRUZ MARIÑO

Diseño y realización de cubierta:
CECILIA POZA MELERO

Primera edición, noviembre 2015
Segunda edición, diciembre 2015
Tercera edición, enero 2016
Cuarta edición, enero 2016
Quinta edición, febrero 2016

Estilismo: Pepa Morán

Juan Ignacio Luca de Tena 15
28027 Madrid
Depósito legal: M.34.649-2015
ISBN: 978-84-415-3718-7
Printed in Spain

NOTA

Se ha realizado el máximo esfuerzo para que la información proporcionada en este libro sea completa y correcta. No obstante, esta obra no pretende sustituir en ningún caso la labor de un profesional médico.

Consulte siempre a su médico sobre temas relativos a su salud.

Ni el autor ni la editorial se hacen responsables de ningún perjuicio o daño supuestamente causado por cualquier información, o sugerencia de este libro.

ÍNDICE

PRÓLOGO

He tenido el placer de poder revisar el nuevo libro de Isabel (isasaweis) y valorar las cuestiones nutricionales y de salud que en él se abordan. Lo hago desde el punto de vista técnico como nutricionista, aunque también teniendo en cuenta el aspecto didáctico que aporta esta recopilación de recetas, ideas y consejos que la autora nos ofrece.

La información que encontraréis en este libro responde a lo que yo como nutricionista quisiera para el futuro de mis pacientes. Y está basada en una visión y adaptación personal de conceptos sobre nutrición y vida sana adquiridos por medio de la teoría y la experimentación.

Las explicaciones que Isabel aporta sobre el funcionamiento del cuerpo y su nutrición, permiten entender el por qué de la selección de los ingredientes que ella utiliza y de la confección que realiza de las recetas. Esta información está al alcance y es perfectamente conocida por muchas personas interesadas en nutrición sana. Pero la gran aportación de este texto es la forma en que se encuentran explicados estos conceptos básicos: con total sencillez y libres de sofisticación o dogma.

Desde el punto de vista nutricinal, se emplean ingredientes y alimentos comunes en su versión más saludable, de acuerdo con los últimos avances en esta ciencia y perfectamente organizados en recetas sanas y exentas de riesgo para las personas que no necesitan una «dietoterapia» especial. Combinadas entre sí, estas recetas constituyen un menú equilibrado en nutrientes, que garantiza una alimentación saludable y un correcto aporte de energía. Este planteamiento resulta muy compatible con un plan de vida sana, de cuidado de la salud, basado en el bienestar, el buen rollo, y las ganas de hacer cosas y disfrutar del momento.

LAURA PIRE
Nutricionista Clinico

AGRADECIMIENTOS

AL PILAR DE MI VIDA

A MATEO y a SANCHO, porque sin necesitar un porqué a la vez los reúnen todos.
A MI MARIDO. Por el amor, por la compañía, por la paciencia, por la comprensión, por el sacrificio, por los sentimientos. Y desde hace unos años, por la lucha.
A MI FAMILIA. A los que están en mi vida y a los que ya solo pueden estar en mi corazón. Por tanto. Por todo.
A LANA, porque te quiero y porque te echaré de menos siempre.

A LA AMISTAD

A ANGÉLICA, porque nunca habrá nadie igual en mi vida. Te quiero.
A ALICIA, porque ya solo puedo ponerte en este apartado. Te adoro.
A las amigas de siempre, a las que he recuperado hace poco y a las nuevas. Por vuestra compañía, por vuestros ánimos, por nuestras charlas y por las salidas inesperadas.

A LOS COMPAÑEROS DE TRABAJO

A SUSANA, por tu preocupación, por tu trabajo, porque nuestro WhatsApp sigue echando humo, y porque esta vez lo hemos hecho mejor aún.
A CHEMA y a JUANMI, por confiar en mí, por la compañía y por las conversaciones. Y por soportar aquella llamada desde Cádiz (ja, ja). Gracias.
A ALBERTO y a PEPA, por hacer un trabajo inmejorable. Por entenderme tan bien y por plasmarlo de la mejor manera posible. Espero teneros siempre cerca.
A CRUZ, por hacerlo siempre tal y como hubiera imaginado. Es perfecto.
A CECILIA, porque al final conseguiste que nos encantara a todos. ¡Y qué difícil es eso!
A GEMMA y a IVÁN, de la peluquería IVÁN BLANCO, por vuestro estupendo trabajo y por vuestra amistad.
A SYSPHOTOGRAPHY, Arturo y Darío, un gran equipo de fotógrafos. A Arturo, por prestarme tu talento, tu experiencia y ¡hasta tu casa! Gracias. A Darío, por tanto... Por tu maravilloso trabajo, por tu disponibilidad siempre, y por tu amistad. Por las conversaciones, por las risas, y por estar de nuevo en mi vida.
A LAURA, por cederme tan generosamente parte de tu tiempo y todo tu conocimiento. Gracias por el prólogo, es un honor.
A SKS, Alberto y Ricardo, por ocuparos de mi y por vuestro saber hacer. Gracias por lo que hemos hecho y por lo que haremos.

A MI SEGUNDA FAMILIA

A VOSOTROS. A los de siempre. A los de hace poco. A los nuevos. Gracias por todo.
Por el cariño cada vez que nos encontramos, por la compañía diaria en las redes sociales, por ver mis vídeos, por hacer mis recetas, por las palabras, por los abrazos…
Por compartir. Por hacerlo en las alegrías y también en las penas.
Por la comprensión y por la paciencia cuando no puedo estar al cien por cien.
Por dejarme entrar en vuestra vida, y por dejarme abriros una ventana a la mía.

Por demostrarme que el mundo está lleno de gente maravillosa. OS QUIERO.

INTRODUCCIÓN

¡Qué feliz me hace presentaros este nuevo libro! Un libro en el que reúno más de cien recetas saludables, por lo tanto, un libro de cocina sana. Pero **«cocina sana para disfrutar».** Para disfrutar de comer, de sentirnos bien, de vernos mejor, y de la vida, que al fin y al cabo es el motivo por el que respiramos cada día.

Tenemos que cuidarnos, debemos hacerlo, pero también debemos disfrutar de hacerlo...

Entiendo un estilo de vida saludable como mucho más que comer bien o hacer ejercicio. Ambas cosas son estupendas y necesarias. Pero el marco de este bonito cuadro es mucho más amplio. Un estilo de vida saludable comprende otras cosas: es actitud, es motivación, es tranquilidad, por supuesto es alimentación y ejercicio... Es al fin y al cabo, como dice esa frase que me acompaña desde hace tantos años, **«belleza por dentro y por fuera».**

De la mano de este libro, os invito a que cuidéis vuestra alimentación, pero también a que os cuidéis vosotros.

Os invito a dar importancia a las cosas en la medida que debemos de dársela **(«Si tiene solución, de qué te preocupas. Y si no tiene solución, para qué te preocupas»).**

Os invito a rodearos de aquello que os hace felices y a sacar de vuestra vida lo que sea que os impide serlo. A cambiar las cosas que no os gustan **(«Si quieres obtener resultados diferentes, no sigas haciendo lo mismo»).**

Os invito a luchar por todo aquello en lo que creáis, aunque no sea fácil. Es más, mucho mejor si no es fácil **(«Ningún mar en calma hizo experto a un marinero»).**

Os invito a perdonar siempre, porque es increíble la tranquilidad que eso produce **(«El perdón es un regalo que te das a ti mismo»).** Y a dar las gracias, y a darlas por todo **(«Lo que no se aprecia se pierde»).**

Os invito a practicar la empatía, es revelador ver el mundo desde otros ojos. Y sobre todo os invito a ayudar a los demás. El mundo está lleno de gente maravillosa, y solo el hecho de dar nos revierte en forma de felicidad. Y con dar quiero decir dar de nosotros. Dar un abrazo, una llamada, una sonrisa, unos buenos días... Cuánto bien podemos hacer y qué poco cuesta. Y por la noche en la cama, al cerrar los ojos, tener la maravillosa sensación de haber hecho cosas buenas. Dar de nosotros a los demás y también darse a uno mismo. Cuidarse, comer bien, disfrutar de cada momento, de las grandes ocasiones y de las pequeñas cosas, no guardar rencores ni albergar malos sentimientos hacia nadie, desearse lo mejor, sonreírse y quererse, y vivir... Abrir los ojos a todo para no perderse nada, y disfrutar de la vida compartiendo. Que compartiendo se vive mejor, las penas se dividen y las alegrías se multiplican.

Y os invito a confiar en vosotros, en vuestra capacidad y en vuestras posibilidades. A confiar, para seguir buscando cada día la felicidad. Recordad aquella bonita frase tan motivadora... **«Al final todo saldrá bien, y si no sale bien es que aún no es el final»...**

Un estilo de vida saludable es belleza por dentro y por fuera, y la belleza nace de ser felices, porque como muy bien sabéis...

... «El mejor cosmético para la belleza es la felicidad».

ISA

EL PROBLEMA DE LAS DIETAS

Si nos planteamos empezar a cuidar nuestra alimentación y comenzamos pensando que vamos privarnos de cantidad de alimentos, a imponernos restricciones extrañas y a tener un montón de prohibiciones, mal vamos. **¿Con qué ánimo comienza uno algo así?**

Si además lo planteamos con un límite temporal, de modo que una vez que hayamos conseguido nuestro objetivo volveremos a los hábitos anteriores, todo el esfuerzo no habrá servido de nada.

El planteamiento ha de ser muy diferente. Vamos a llevar una alimentación sana y equilibrada donde no falten ningún tipo de nutrientes, a aprender a llenar nuestra despensa para disfrutar de platos variados, completos y saludables, y a comenzar a sentirnos bien por dentro y por fuera, desde hoy y para siempre.

Es probable que muchos de vosotros hayáis hecho alguna vez una dieta. Yo hice varias con mi hermana cuando éramos crías: la de la sopa mágica, la del melocotón en almíbar y la pechuga de pollo... Madre mía, qué locuras y qué pérdida de tiempo... ¡Mi hermana a día de hoy sigue sin querer ni probar el melocotón en almíbar! ¡Y no me extraña! Ja, ja.

Probablemente, al igual que nosotras perdisteis peso, aunque seguro que también ganasteis mal humor, porque no me digáis que estar a dieta no pone de mala uva. Ja, ja. Y el resultado es que aquí estáis de nuevo, en el punto de partida y probablemente más desanimados.

Y es que estas dietas no valen para nada.

¿Os habéis fijado cómo comen las personas que se mantienen en un peso saludable? Seguro que conoceréis a alguien de quien os maraville ver que come de todo y que se mantiene muy bien. Estas personas, efectivamente, comen de todo, lo hacen frecuentemente y en cantidades moderadas. De vez en cuando las veréis comer alimentos que para vosotros son poco menos que pecado mortal, y en cambio ellas parecen no tener nada prohibido y disfrutar siempre de la comida. Pero es que es así. Todo lo demás son inventos para marearnos, como lo de que ahora no podemos comer hidratos de carbono a partir de las seis de la tarde. ¿Alguna de esas personas de las que envidiáis su forma de comer hace algo de esto? No, ¿verdad? Es cierto que hoy en día podemos encontrar infinidad de dietas, en libros o en internet, que no hacen más que confundirnos. El abanico es muy amplio.

Por un lado están las dietas extrañas como las que terminaban haciéndonos aborrecer el melocotón en almíbar y la pechuga de pollo, o las que permitían comer un solo alimento al día... Y por supuesto que se perdía peso, porque ¿a quién le apetecía un filete para desayunar?

Están las dietas basadas fundamentalmente en las calorías de los alimentos. Es muy fácil entender que esto también es un error. No podemos concebir un alimento como el número de calorías que tiene. Por ejemplo, ¿creéis que será lo mismo consumir para merendar una pieza de fruta, un yogur y un puñado de almendras que un bollo industrial? Pues probablemente el número de calorías sea parecido, pero efectivamente los nutrientes de una y otra merienda son muy distintos.

Los alimentos son mucho más. Son un conjunto de nutrientes, cada uno de los cuales aporta distintos beneficios a nuestro organismo.

No solo es un error basar nuestra alimentación en contar calorías, sino que además ni siquiera es efectivo a largo plazo. Supongamos que llevamos una dieta de 2000 calorías diarias, y decidimos comenzar a consumir 1600. Al principio, durante un periodo de tiempo probablemente perderemos peso, pero una vez que nuestro cuerpo se acostumbre a que esas son las calorías que va a tener a partir de ahora, se pondrá en «modo ahorro», y gastará menos calorías para hacer las mismas actividades que antes llevaba a cabo con más. De modo que pasado un tiempo nos encontraremos con que comemos menos de lo que comíamos, pero ya no bajamos de peso. Y peor aún, el día que decidamos dejar la dieta, porque todas las dietas basadas en restriccionesse dejan algún día si se pretende vivir feliz, y volvamos a nuestras 2000 calorías, nuestro cuerpo, acostumbrado ya a gastar menos, volverá a su peso inicial, y probablemente con un poco más de regalo, debido a ese consumo menor al que se ha habituado. Este es el famoso «efecto rebote» o «yoyó» de las dietas.

Otro tipo de dietas conocidas son las dietas disociadas, que básicamente prohíben mezclar en una misma comida los alimentos con hidratos de carbono ricos en almidones, como el pan, la pasta o el arroz, con las proteínas. Son restrictivas, resultan aburridas y monótonas, y además existen argumentos de peso para defender lo contrario, que os explico en el siguiente apartado.

Y por último quiero mencionar las dietas que desde hace unos años han ganado más fama debido a que consiguen en poco tiempo una pérdida de peso notable: **las dietas altas en proteínas o dietas hiperproteicas.** Seguro que conocéis a alguien que ha hecho alguna de ellas, ¿verdad? Yo por lo menos a cuatro o cinco personas. Todas perdieron mucho peso, y todas ellas lo han vuelto a recuperar.

Estas dietas limitan el consumo de hidratos de carbono. Pero no solo cereales, también legumbres, frutas y verduras, lo que es, cuando menos, poco adecuado para nuestra salud. Dejar de consumir frutas y verduras, fibra, minerales, vitaminas y antioxidantes, aunque solo sea durante el periodo inicial, produce en nuestro organismo diversas carencias, sobrecarga el riñón y aumenta el riesgo de padecer muchas enfermedades importantes. Además, al no consumir suficientes hidratos de carbono, el cuerpo descompone el tejido muscular para obtener la glucosa que necesita, por lo que en lugar de perder solo grasa, que es el objetivo deseado al hacer una dieta, perdemos gran cantidad de músculo y agua.

El exceso de proteína dificulta la absorción de calcio, puede producir dolores de cabeza y cálculos en el riñón. Además sobrecarga el hígado y los riñones, ya que han de eliminar las sustancias de deshecho que se producen. Pero por si todo esto no fuera suficiente, estas dietas son monótonas, duras de seguir y sobre todo de mantener. Tarde o temprano, las ganas de volver a una vida normal, de socializar y de incorporar de nuevo los alimentos prohibidos hacen que se tengan que abandonar y volver a la alimentación que se llevaba antes de empezar la dieta, y con ello al peso anterior, o más aún.

¿Quién quiere prohibirse multitud de alimentos y pasar ganas de un montón de cosas para poner en riesgo su salud y bajar un peso que casi con seguridad volverá a recuperar? No tiene sentido...

Si no queréis pasar hambre ni ganas de nada, si os negáis a contar calorías, a excluir alimentos de vuestros platos o a llevar una lista de qué cosas no podéis mezclar con según qué otras... Si para un día que salís a comer fuera de casa estáis cansados de buscar en la carta lo que podéis comer y no la que realmente os apetece. O si os agobia la sensación de fracaso cada vez que sentís que os habéis «saltado la dieta», pero a la vez queréis cuidaros para estar bien por dentro y por fuera... No os preocupéis. **Vamos a olvidarnos de todo eso y, siguiendo ciertas pautas muy sencillas, vamos a disfrutar de la comida, a vernos bien, a gozar de buena salud y a sentirnos de maravilla.**

UN POCO DE TEORÍA PARA QUIEN TENGA INTERÉS

Os voy a contar un poco de teoría, pero en absoluto tenéis que saber todo esto. Solo lo dejo para quien quiera leerlo a fin de entender el porqué de algunas cosas o como simple curiosidad.

¿En qué vamos a basar entonces nuestra alimentación? Existen dos conceptos con los que se trabaja desde hace mucho tiempo ya, que son el **IG** *(índice glucémico o índice glicémico)* y, posteriormente, la **CG** *(carga glucémica o carga glicémica).*

No os voy a agobiar con un montón de información, pero sí quiero daros algunas nociones que seguro que además os resultarán interesantes.

Cuando ingerimos alimentos, nuestro cuerpo los transforma en **glucosa** para obtener la energía que necesita. Mientras la cantidad de glucosa que le suministramos sea la adecuada, se irá utilizando como combustible. La glucosa que no se utilice en ese momento se almacenará a corto plazo como **glucógeno** en los músculos y el hígado, para ir utilizándola cuando se necesite. Pero cuando la cantidad de glucosa producida es demasiada, y las reservas de glucógeno ya están llenas, entonces nuestro organismo libera una hormona llamada **insulina,** que es la encargada de recoger la glucosa sobrante y almacenarla en forma de **grasa.**

Una vez almacenada, es difícil deshacerse de la grasa, porque nuestro organismo cuando necesita energía recurre en primer lugar a la glucosa recién ingerida, si necesitara más a las reservas de glucógeno, y ya en último lugar, cuando no le queda otra, a las reservas de grasa.

Además, la insulina es tan eficiente transformando la glucosa en grasa, que al hacerlo se produce una bajada brusca de glucosa en el cuerpo, lo que se traduce en sensación de cansancio y de nuevo hambre y ganas de comer, sobre todo dulces e hidratos de carbono simples, que son los que nos proporcionan glucosa de forma rápida. Y vuelta a empezar. Es, como veis, un círculo vicioso.

Y entonces, **¿qué podemos hacer para que la insulina no salga a trabajar almacenando la glucosa en forma de grasa?** Pues veréis. Los alimentos que ingerimos se descomponen en glucosa, pero no todos lo hacen a la misma velocidad. Si el cuerpo va descomponiendo los alimentos lentamente, irá obteniendo glucosa de forma paulatina, de modo que la podrá ir utilizando a medida que la vaya produciendo y de este modo no producirá un exceso que almacenar en forma de grasa.

El **índice glucémico (IG)** de un alimento es un número que mide precisamente eso. Indica la velocidad a la que dicho alimento se descompone en glucosa. Se decidió otorgar a la glucosa el valor de **100** de forma arbitraria, de modo que el resto de alimentos tendrán un IG basado en la comparación con ella. Así, se denominan alimentos de **IG alto** a los que tienen un valor **mayor de 50,** de **IG medio** a los que lo tienen **entre 50 y 35,** y de **IG bajo** a los que lo tienen **menor de 35.** No obstante, encontraréis tablas de IG en libros o en internet con algunas modificaciones en los datos, ya que el cálculo del IG de un alimento depende de muchos factores como la variedad, la maduración... Además, existen otras tablas de alimentos en las que en lugar de tomar como referencia a la glucosa se toma al pan blanco, por lo que los IG obtenidos en este caso son diferentes.

En estas tablas descubriremos por ejemplo que los alimentos ricos en hidratos de carbono procesados y refinados tienen mayor IG que sus versiones integrales. Así, para llevar una alimentación saludable manteniendo los niveles de glucosa dentro de un rango estable, trataremos de sustituir la harina blanca o el pan blanco en favor de la harina integral, el pan integral o los panes con semillas o frutos secos. El arroz blanco, en favor del arroz integral o el arroz basmati. La pasta blanca, en favor de la pasta integral. Y el azúcar blanco, en favor de otras formas de endulzar más saludables, como la melaza, el sirope de agave o, en su defecto, la miel artesanal o el azúcar integral de caña.

Las frutas, las verduras y hortalizas, las legumbres y los frutos secos tienen en su gran mayoría un IG bajo.

Estas tablas del IG de los alimentos son útiles como primera referencia, pero la alimentación es mucho más interesante que todo eso, y existen otros factores que influyen.

Se observó que algunos alimentos como la calabaza, las uvas pasas, la piña o la sandía, tenían un IG elevado, lo que no se correspondía con la idea que teníamos de ellas. Y es aquí donde entra en juego el otro concepto, el de CG (carga glucémica). La carga glucémica de un alimento se calcula dividiendo su IG entre 100 y multiplicando el resultado por la cantidad de hidratos de carbono que proporciona. Es decir, determina que no solo es importante la velocidad a la que un alimento se transforma en glucosa, sino que lo es en función de su contenido en hidratos de carbono.

Las frutas y verduras tienen un bajo contenido en hidratos de carbono, por lo que aunque algunas de ellas tengan un IG alto, todas ellas consumidas en cantidades normales no aumentan los niveles de glucosa y son por tanto ideales para una alimentación que nos permita tener un peso adecuado y gozar de buena salud.

Y digo lo de «consumidas en cantidades normales» porque el resultado en nuestro cuerpo de ingerir un alimento no solo depende de su IG, también influye la cantidad que comamos, de modo que si consumimos alimentos de IG bajo o medio pero lo hacemos en grandes cantidades, finalmente el cuerpo se hará con demasiada glucosa y el resultado no será el deseado. Pero no os preocupéis, que no es necesario comer en plato de postre, ni tener que pesar la comida...

Por otro lado, la forma en que cocinamos también influye en el IG de los alimentos, siendo mucho más favorable cocinarlos menos tiempo y a menor temperatura. La pasta, por ejemplo, tiene menor IG si se cuece al dente que si se deja demasiado blanda, y las patatas presentan menor IG al horno que cocidas.

Y por último, y lo que hace todo esto más interesante aún. No hay que fijarse exclusivamente en el IG de un alimento. Lo realmente importante es el cómputo global.
Así, tenemos dos grandes aliados que nos ayudan a bajar el IG final de las comidas:

LAS PROTEINAS: carnes magras (cortes magros de ternera, lomo de cerdo, pollo, pavo y conejo), pescados (blancos y azules), mariscos, huevos, e incluso lácteos, semillas y frutos secos.

Al cuerpo le cuesta más descomponer las proteínas que los hidratos de carbono, necesita más energía para hacerlo, y la obtención de glucosa se realiza de forma más gradual. Es por tanto interesante incluir una ración de proteína en las comidas principales.

LA FIBRA: existen dos tipos de fibra, la insoluble y la soluble. La mayoría de los alimentos ricos en fibra contienen de los dos tipos.

La fibra insoluble es aquella que no se disuelve en el agua, y lo que hace es absorberla aumentando su volumen. La fibra soluble es aquella que se disuelve en el agua, formando una sustancia de textura gelatinosa. La primera nos ayuda a limpiar el organismo favoreciendo el tránsito intestinal. La segunda sacia el apetito, reduce el colesterol y el riesgo de padecer ciertos tipos de cáncer.

Los alimentos ricos en fibra son los cereales integrales, salvado de trigo, salvado de avena, legumbres, frutos secos, semillas, frutas, hortalizas y verduras.

La fibra ralentiza el proceso de transformación de la glucosa y disminuye su absorción, por lo que debemos tener siempre presentes en nuestra alimentación estos alimentos.

Un ejemplo: un plato de pasta del que nuestro cuerpo obtendría glucosa de forma muy rápida, con la consiguiente transformación del exceso en grasa, si lo preparamos utilizando pasta integral (fibra) con abundantes verduras (más fibra) y pollo, huevo o gambas por ejemplo (proteínas), conseguiremos que la obtención de la glucosa sea más lenta, se vaya consumiendo a medida que se va produciendo y no se obtenga un sobrante ni su acumulación en forma de grasa. Sin contar por supuesto que el plato es mucho más completo y apetecible.

¿Cómo construir entonces nuestra alimentación con toda esta información? Es muy sencillo. A continuación os describo unas reglas básicas a seguir, os ayudo con la lista de la compra para llenar la despensa y os doy más de cien recetas para una alimentación saludable.
Vamos a ello porque merece la pena. **Se dice que se necesitan 21 días para incorporar un hábito.** 21 DIAS OS PIDO.

LAS 12 REGLAS DE ORO

1 CEREALES INTEGRALES, LEGUMBRES, FRUTAS, VERDURAS Y HORTALIZAS COMO BASE DE LA ALIMENTACIÓN

Procuraremos que en todas las comidas haya cereales integrales, frutas, verduras u hortalizas. También consumiremos habitualmente legumbres, frutos secos y semillas.

2 NO NOS OLVIDAREMOS DE LAS PROTEÍNAS, PERO TAMPOCO LAS COMEREMOS EN EXCESO

Procuraremos que en las comidas principales haya una fuente de proteína. Incluiremos por tanto carnes magras, huevos, pescados y mariscos, o también legumbres, frutos secos y semillas, especialmente en la comida del mediodía. La palma de nuestra mano, su tamaño y grosor, podría ser una referencia para la cantidad de proteína que debería estar presente en nuestros platos.

3 ¡QUE NO FALTE LA FIBRA!

Nos aseguraremos de que en todas las comidas haya algo de fibra, que obtendremos fundamentalmente de las frutas, hortalizas y verduras, frutos secos y semillas, así como del salvado de trigo o el salvado de avena.

4 LA ALIMENTACIÓN HA DE SER VARIADA

Es fácil hacerlo si llenamos de colores nuestra despensa. Los colores de los alimentos son un reflejo de su composición y por tanto de sus propiedades.

Los alimentos de color rojo favorecen la circulación y el buen estado del corazón. Los alimentos de color naranja y amarillo son beneficiosos para la piel, las articulaciones y el sistema digestivo. Los alimentos blancos son auténticos antibióticos naturales, diuréticos y ayudan al sistema inmunitario. Los alimentos de color morado son buenos para la vista, las alergias y protegen el sistema urinario. Los alimentos verdes son depurativos y, por tanto, muy beneficiosos para el buen funcionamiento del hígado, además de reducir el colesterol y protegernos de enfermedades como el cáncer. Los alimentos marrones y negros son estimulantes y ayudan por lo general al tránsito intestinal.

Sabiendo todo esto, ¿por qué íbamos a privarnos de alguno? Llenaremos la cesta de la compra con alimentos de todos los colores. Si hay muchos alimentos que no consumís habitualmente, no os agobiéis intentando introducirlos todos a la vez. Podéis probar a incluir uno o dos alimentos nuevos cada semana y descubrir poco a poco nuevos sabores, y todo un mundo de posibilidades para nuestros platos.

5 COMER CON FRECUENCIA, NO SALTARSE COMIDAS Y DEDICARLE TIEMPO

Es muy importante hacer comidas no demasiado copiosas y comer a menudo para conseguir nuestro propósito de mantener los niveles de glucosa estables. Esto no significa pasarse el día picoteando, sino que es más recomendable de realizar cinco o seis comidas diarias en lugar de tres. Por supuesto, siempre tratando de adaptarlo a nuestra vida. No será igual para quien duerma diez horas que para quien duerma siete, o para quien desayune a las seis de la mañana que para quien lo haga a las diez. Durante el día, procuraremos no dejar pasar más de cuatro horas sin comer, y sobre todo no nos saltaremos ninguna comida principal. Nada de «Es que yo no desayuno porque a esas horas no me entra nada» o «No me hice la cena porque estaba muy cansado». Solo conseguiréis perder salud y ganar peso.

Y muy importante. Hay que procurar no comer en exceso pero también debemos sentirnos satisfechos. La verdura es nuestra aliada para llenar el plato y no quedarse nunca con hambre.
Además, debemos dedicar un rato a comer, sentarnos, relajarnos y disfrutar. Será un placer y favoreceremos la digestión.

6 ¡HAY QUE HIDRATARSE BIEN!

Es importante mantenernos bien hidratados. Procurad beber agua aunque no tengáis sed. Al fin y al cabo, la sed es un mecanismo de nuestro cuerpo para avisarnos de que comenzamos a deshidratarnos, así que sería conveniente no llegar a tenerla.

Os cuento un truco. Yo empiezo el día bebiendo un gran vaso de agua. Si no estáis acostumbrados, al principio quizás no os apetezca nada, pero creo que le sienta tan bien al cuerpo que luego hasta nos lo pide. Después, a lo largo del día, cada vez que voy al baño, bebo otro buen vaso de agua, ¡para reponer! Ja, ja. Y así bebo suficiente agua y repartida durante todo el día. Funciona muy bien.

7 EVITAREMOS EL AZÚCAR BLANCO

El azúcar blanco refinado es un hidrato de carbono simple que no aporta nutrientes y se convierte en glucosa de forma muy rápida.

Existen otras formas para endulzar más saludables, incluso con un IG bajo, como son el sirope de agave o el azúcar de coco que se encuentran en tiendas de dietética. Si nunca los habéis probado, os animo a hacerlo, porque además tienen un sabor riquísimo, como a caramelo.

Si preferís consumir alimentos más comunes, hay otras opciones de IG no tan bajo pero que por lo menos tienen nutrientes, como serían la panela, la melaza, la miel artesanal o el azúcar integral de caña.

No obstante, si probáis a ir reduciendo poco a poco la cantidad de dulce, os sorprenderá que al cabo de un tiempo, donde necesitabais tres o cuatro cucharadas para endulzar algo, os bastará con una o con media, y os parecerá tan rico como antes, porque el cuerpo se acostumbra a lo que le demos. Incluso habrá alimentos que endulzabais y que con el tiempo dejaréis de hacerlo, y os gustarán tanto o más, porque descubriréis nuevos sabores.

A mí me ocurrió con el yogur natural y con el café con leche. Cuando era cría, mi madre los consumía sin azúcar y me decía «Si los pruebas sin azúcar, luego te gustarán más» y yo pensaba que eso era imposible, ¡uno sabía ácido y el otro amargo! Ja, ja. Pero qué razón tenía..., lo probé, con poco gusto al principio, y ahora hace años que los consumo así. Y no me des un café con leche con azúcar, solo me sabe dulce, ¡no me sabe a café!

8 NO ES NECESARIA TANTA SAL

Un exceso de sal, es un exceso de sodio, que es perjudicial para el organismo. Y es que tomamos mucha más sal de la que nuestro cuerpo necesita. Porque no solo hay que tener en cuenta la sal que añadimos a las comidas. Tomamos muchísima más oculta en distintos alimentos, por ejemplo en los quesos, los encurtidos, los embutidos o los ahumados, así como en la comida preparada en general.

No obstante, cuando utilicéis sal, procurad que sea sal marina, que por lo menos es rica en minerales. Porque con la sal ocurre lo mismo que con el azúcar, que la que consumimos hoy en día es refinada y carente de sus minerales característicos.

Por otro lado, de nuevo al igual que ocurre con el azúcar, cuanta menos sal vayamos consumiendo, menos iremos necesitando para que los alimentos nos sepan igual de sabrosos. Procurad cocinar con la menor cantidad de sal posible. Os sorprenderá que por ejemplo las cremas de verduras sin nada de sal están muy ricas.

Una recomendación que os propongo es que utilicéis hierbas frescas y especias en la cocina, potencian los sabores y nos ayudan a utilizar menos sal.

9 COMER GRASA AYUDA A PERDER PESO

La grasa fue durante un tiempo la mala de la película, de modo que, acostumbrados a las dietas hipocalóricas para bajar peso, huíamos de ella.

No todas las grasas son iguales. Existen cierto tipo de grasas saludables, que no solo son esenciales para nuestra salud, sino que incluso ayudan a bajar de peso. Las encontramos por ejemplo en frutos secos y semillas, como las almendras, las nueces o las pipas, en pescados azules como el salmón o las sardinas, en el aceite de oliva virgen y en el aguacate.

Estos alimentos nos ayudarán a disfrutar de buena salud y de un peso adecuado.

10 SÍ A LO NATURAL. NO A LO PROCESADO Y ARTIFICIAL

Como ya hemos comentado, la comida procesada contiene habitualmente un exceso de azúcar, de sal y de grasas nocivas para la salud. Además de un montón de aditivos.
Procuraremos que nuestra alimentación sea lo más natural y lo menos procesada posible: eligiendo un pan integral sobre un pan blanco, un zumo de frutas casero sobre una bebida azucarada, unas almendras al natural sobre unas fritas con sal…

11 UN ESTILO DE VIDA SALUDABLE

Un estilo de vida saludable no solo debe estar basado en la alimentación.

Debemos evitar en lo posible el alcohol y el tabaco, que no nos aportan nada bueno.

También es recomendable procurar hacer algo de ejercicio. No es necesario acudir a un gimnasio dos horas diarias, aunque si os gusta, ¡estupendo!

Si os anima más hacer una actividad en grupo, apuntaos a clases de pilates, ciclo indoor, training, body tono… ¡lo que sea que os motive!

Y si no sois de gimnasios ni de clases, no hay problema. Salid a caminar un rato a paso ligero con algún amigo, id los fines de semana a hacer actividades al aire libre…, todo cuenta. Cualquier actividad que hagamos, nuestro cuerpo lo nota y lo agradece.

12 LA MEJOR REGLA DE TODAS: DE VEZ EN CUANDO ¡HAY QUE SALTARSE LAS REGLAS!

Sí, como leéis. Dentro de una alimentación saludable también hay hueco para la tarta de tres chocolates, un buen cachopo asturiano con patatas fritas o las rosquillas de mamá, ¡claro que sí! No solo podemos hacerlo, sino que debemos hacerlo.

Al cuerpo es bueno darle de vez en cuando algo no tan saludable, un poco de IG alto con su cantidad de glucosa, para que no se aletargue y entienda que no necesita ponerse en modo ahorro. Además del factor psicológico, que también es muy importante. El saber que de vez en cuando se pueden comer otras cosas.

Se acabó la horrible sensación de «Me he saltado la dieta y ahora vuelta a empezar», porque de vez en cuando vamos a darnos nuestros caprichos en forma de cena especial en pareja el viernes, o de fiesta con amigos el sábado o de comida familiar el domingo. Una comida o dos a la semana, en función de si necesitáis perder un poco de peso o solo manteneros, dejároslas para esas cosas. Y disfrutadlas, que son tan bonitas como necesarias.

LA LISTA DE LA COMPRA

Esta es la lista de la compra para que no os falte de nada para seguir las recetas de este libro y para idear muchos otros platos ricos y saludables. Os servirá como guía, aunque por supuesto no hace falta que lo compréis todo.

Pero si procuráis tener la despensa llena con muchos de estos alimentos y lo menos posible de los otros, os será muy fácil llevar una alimentación recomendable. Como le digo a mi marido cuando nos dan ganas de comprar algo no muy saludable, «Lo mejor para no comerlo, ¡es no tenerlo!», ja, ja.

PANES Y HARINAS

Os sugiero algunos panes y harinas integrales y otros complementos. Mirad cuando vayáis a comprar un pan integral que no esté hecho con harina blanca a la que se le ha añadido posteriormente el salvado. Seguiría faltando el germen de trigo y además no dejarían de estar hechos con harina refinada.

- Harina de almendras
- Harina de avena integral
- Harina de centeno
- Harina de garbanzos
- Harina de maíz integral
- Harina de trigo integral
- Levadura de cerveza
- Pan de centeno
- Pan de pita integral
- Pan de trigo 100 % integral
- Salvado de avena
- Salvado de trigo
- Tortillas de trigo integrales

CEREALES Y PASTAS

Algunas variedades de arroz, como el arroz basmati y por supuesto el integral, son más saludables. Con las pastas ocurre lo mismo. Mejor consumir pasta integral de la de verdad, porque ocurre lo mismo que con los panes, que nos venden como pasta integral lo que en realidad es pasta blanca con salvado. También son mejores los espaguetis, fideos, tallarines o cintas antes que otros tipos de pasta.
Añado además algunos cereales no tan conocidos que os aconsejo probar. Y por si os interesa seguir incluyendo nuevos alimentos, existen algunos otros muy saludables también como el amaranto, o el trigo sarraceno o alforfón.

- Arroz integral
- Arroz basmati (mejor aún integral)
- Arroz silvestre
- Arroz rojo
- Cebada
- Cintas
- Copos de avena
- Cuscús integral
- Espaguetis (mejor 100 % integrales)
- Fideos de trigo sarraceno
- Fideos de arroz
- Fideos al huevo
- Fideos de soja
- Mijo
- Quinoa
- Tallarines
- Trigo bulgur

LEGUMBRES

Consumid libremente cualquier legumbre. Todas son maravillosas y podemos hacer recetas riquísimas con ellas. Podéis comprarlas secas y también cocidas en frasco, que nos ayudan mucho en el día a día.

- Alubias (blancas, pintas…)
- Azuki
- Frijoles
- Garbanzos
- Judías mungo (soja verde)
- Lentejas (pardina, castellana, roja, verdina…)

FRUTOS SECOS

No es conveniente comer demasiados frutos secos porque pueden resultar indigestos y proporcionan muchas calorías y grasas, aunque saludables. Pero si los utilizamos para enriquecer nuestros platos o completar alguna merienda, son estupendos. Están llenos de nutrientes y son riquísimos. Podemos usarlos todos, pero eso sí, procurad comprarlos en sus versiones al natural o tostados en lugar de fritos, y sin sal a ser posible. Mucho más saludables.

- Almendras
- Anacardos
- Avellanas
- Cacahuetes con cáscara
- Nueces (de Brasil, de California o pacanas)
- Piñones
- Pistachos

SEMILLAS

Todas son estupendas, para añadir a ensaladas, salteados o bizcochos por ejemplo. Os propongo algunas que suelo utilizar en mi cocina.

- Pipas de calabaza
- Pipas de girasol
- Semillas de amapola
- Semillas de cáñamo
- Semillas de chía
- Semillas de lino
- Semillas de sésamo

CARNES Y AVES

Unas carnes son más aconsejables que otras, e incluso dentro de una misma carne unos cortes son más saludables que otros. Os propongo algunos.

- Cerdo (solomillo, lomo y carne magra)
- Conejo
- Jamón (cocido, serrano e ibérico)
- Pollo (sin grasa ni piel)
- Pavo
- Ternera (solomillo, filetes y carne magra)

PESCADOS Y MARISCOS

Dentro de nuestra alimentación saludable podemos consumirlos todos.

- Almejas
- Anchoas
- Atún (fresco y en lata)
- Bacalao (fresco, ahumando y en salazón)
- Berberechos
- Boquerones
- Caballa (fresca y en lata)
- Calamares

- Gambas
- Langostinos
- Lenguado
- Mejillones
- Merluza
- Pulpo
- Salmón (fresco y ahumado)
- Sardinas (frescas y en lata)

HUEVOS, LÁCTEOS Y BEBIDAS VEGETALES

Dentro de la variedad de leches y bebidas vegetales y la infinidad de quesos que hay, os propongo los que más utilizo.

- Bebidas vegetales (de soja, de almendras, de avellanas, de arroz…)
- Huevos (de gallina, de codorniz…)
- Leche de vaca desnatada o semidesnatada
- Mozzarella
- Queso cottage
- Queso de cabra
- Queso feta
- Queso fresco
- Queso havarti bajo en grasa
- Queso parmesano
- Queso quark
- Queso rallado bajo en grasa
- Queso ricotta
- Tofu
- Yogures desnatados

HORTALIZAS Y VERDURAS

Qué os voy a decir… ¡que las probéis todas!

- Acelgas
- Aguacates
- Ajos
- Algas
- Alcachofas
- Apio
- Berenjenas
- Berros
- Berza
- Boniatos o batatas
- Brócoli
- Calabacines
- Calabaza
- Canónigos
- Cardo
- Cebollas
- Col (lisa o rizada)
- Coles de Bruselas
- Coliflor
- Champiñones
- Endivias
- Espárragos (blancos y verdes)
- Espinacas
- Guisantes
- Judías verdes
- Lechuga
- Nabos
- Patatas (nuevas o de guarnición)
- Pepinos
- Pimientos
- Puerros
- Rábano y rabanitos
- Remolachas
- Rúcula
- Setas
- Tomates
- Zanahorias

FRUTAS

Lo mismo que las verduras, ¡cualquier fruta en estupenda! Acordaos de la regla de los colores.

- Albaricoques
- Arándanos
- Cerezas
- Ciruelas
- Frambuesas
- Fresas
- Granadas
- Kiwis
- Limones
- Mangos
- Manzanas
- Melocotones
- Melón
- Moras
- Naranjas
- Nectarinas
- Papayas
- Peras
- Piñas
- Plátanos
- Pomelos
- Sandía
- Uvas

FONDO DE DESPENSA

Aquí os dejo una lista de alimentos que procuro tener en mis despensa. Nos ayudan a componer recetas saludables y a completar algunas comidas.

- Aceitunas (verdes y negras)
- Alcaparras
- Cacao puro en polvo sin azúcar
- Caldo (de ave, de carne, de pescado, de cocido. Bajos en sal)
- Conservas de pescado (anchoas, atún, berberechos, bonito, caballa, mejillones, sardinas…)
- Conservas de tomate (enteros y pelados, triturado al natural, salsa de tomate…)
- Conservas de verduras (alcachofas, judías verdes, pimientos, remolacha, zanahorias…)
- Chocolate negro (mínimo 70 % de cacao)
- Frutas secas (arándanos, ciruelas pasas, coco rallado, dátiles, higos, orejones, uvas pasas…)
- Leche de coco
- Legumbres en conserva (garbanzos, lentejas, alubias, frijoles…)
- Levadura (en polvo, fresca o liofilizada)
- Mantequilla de cacahuete
- Mostaza (Dijon y a la antigua)
- Pisto
- Sal marina
- Salsa de soja
- Vino (blanco y tinto)

EDULCORANTES

Como os comenté antes, procurad ir endulzando menos las comidas para que el cuerpo se vaya desacostumbrando al azúcar. Para cuando lo necesitéis, os dejo las mejores opciones que yo utilizo para endulzar.

- Azúcar de coco
- Azúcar integral de caña
- Melaza
- Miel artesanal
- Panela
- Sirope de agave

ESPECIAS Y HIERBAS AROMÁTICAS

¡Utilizadlas todas! Añaden sabor, tienen propiedades, y nos ayudan a utilizar menos sal y menos azúcar en las comidas.

- Albahaca
- Canela
- Cardamomo
- Cebollino
- Chile
- Cilantro
- Clavo
- Comino
- Cúrcuma
- Curry
- Eneldo
- Jengibre
- Laurel
- Menta
- Nuez moscada
- Orégano
- Perejil
- Pimentón (agridulce, dulce y picante)
- Pimienta (blanca, negra, rosa, verde)
- Ras el hanout
- Romero
- Salvia
- Tomillo
- Vainilla (esencia y vainas)

ACEITES Y VINAGRES

El aceite de oliva virgen es el rey de nuestra cocina. Os propongo algún otro también por si os apetece probar cosas nuevas algún día. Además os dejo los vinagres que más utilizo.

Aceite de nuez
Aceite de oliva virgen
Aceite de pepitas de uva
Aceite de sésamo
Vinagre (balsámico, de manzana, de Jerez, de vino…)

UTENSILIOS QUE NOS AYUDAN

No es necesario disponer de un montón de aparatos o utensilios en la cocina, pero sí que hay algunos que no requieren grandes inversiones y nos facilitan mucho el trabajo. Os indico mis recomendaciones:

- **CUCHILLO DE CHEF O COCINERO BIEN AFILADO**

Hay multitud de cuchillos específicos para distintas tareas e ingredientes, pero el cuchillo de chef o cocinero es el básico que todos debemos tener. Es muy importante que esté bien afilado para permitirnos cortar rápido, bien y sin cortarnos.

- **BATIDORA POTENTE**

Y especifico que sea potente porque realmente hay una gran diferencia entre una batidora de 300 W y una de 800 W. Ideal para conseguir que las cremas de verduras, salsas y purés queden suaves y cremosos.

- **VARILLAS ELÉCTRICAS**

Muchas batidoras vienen con varios accesorios, entre ellos unas varillas eléctricas. Podéis aprovechar al comprar la batidora que sea una de las que las incorporan. Las varillas eléctricas son maravillosas para montar huevos con azúcar, necesario en muchos postres, montar nata o claras. De verdad que no merece la pena pasarse diez minutos batiendo con unas varillas manuales y acabar con el brazo dolorido para obtener incluso peor resultado.

- **BÁSCULA**

Comprad una báscula por sencilla que sea que os ayude con la repostería. En las recetas saladas la utilizaréis también, pero en las dulces es fundamental porque requieren mayor precisión. Así cuando una receta os diga 200 g de harina o 100 g de azúcar ya no os supondrá un problema.

- **PELAVERDURAS**

Se pueden pelar las patatas, zanahorias o calabacines con un cuchillo, pero hacerlo con este utensilio es tan cómodo y rápido que nunca faltará uno en mi cocina.

- **JARRA MEDIDORA**

Al igual que la báscula lo hace con los sólidos, la jarra medidora nos ayuda con los líquidos. Tantos ml de aceite, caldo, leche o zumo de naranja son muy fáciles de medir si tenemos una.

- **RALLADOR**

Para rallar la piel del limón o de la naranja, tomates para una salsa, queso parmesano, jengibre fresco o chocolate, el rallador es indispensable. Los hay finos, medios y gruesos, que facilitan la tarea en función del ingrediente que vayamos a rallar, pero es suficiente tener uno medio para apañarse.

- **WOK**

Esta característica sartén grande con paredes altas es perfecta para saltear los ingredientes. Los alimentos conservan su textura y aroma, y demás necesitamos muy poco aceite para hacer salteados de verduras y hortalizas, tiras de pollo, gambas, fideos o arroz.

- **VAPORERA DE BAMBÚ**

Este es quizás el utensilio menos necesario de esta lista, pero me encanta cómo quedan los alimentos cocinados en ella, además de ser una opción muy saludable ya que no se pierden tantos nutrientes como cuando se cuecen los alimentos en el agua. Yo la utilizo mucho para cocer en su punto muchas verduras y hortalizas como brócoli, zanahoria, coliflor, patata, calabaza o judías verdes. También es ideal para cocer pescado o arroz.
Es necesario para utilizarla tener una cazuela del mismo diámetro, ya que se echa agua en ella, se coloca la vaporera encima y con el vapor que sube cuando comienza a hervir es como se cuecen los alimentos. También se puede utilizar sobre el wok.

DESAYUNOS ENERGÉTICOS

Hemos oído muchísimas veces eso de que se ha de desayunar como un rey, comer como un príncipe y cenar como un mendigo, y ya sabéis que las frases de toda la vida encierran mucha verdad…

El desayuno es lo primero que vamos a darle a nuestro cuerpo después de un descanso largo sin recibir nada y será con lo que tenga que funcionar durante las primeras horas de día. Necesitamos energía para trabajar, para estudiar, para pensar, para movernos… y negárnosla es perjudicial, en primer lugar, para la salud, pero también para perder peso. Tomad cada mañana un desayuno completo donde no falten cereales integrales, lácteos y frutas.

Os dejo varias opciones para elegir en función de vuestros gustos o según la prisa que tengáis ese día, pero todas ellas para ¡comenzar el día de una forma estupenda!

MUESLI TOSTADO

En los supermercados encontramos numerosas variedades de muesli, pero la mayoría están repletos de azúcares y grasas no muy recomendables. No hay nada como hacer nuestro propio muesli casero... Bueno sí, ¡hacer el pan! Ja, ja. Pero eso os lo cuento más adelante.

Es un desayuno ideal para cuando vamos con prisa. Solo tenemos que echar unas cucharadas en un cuenco, añadir leche o yogur y a disfrutar. Probadlo y desde hoy nunca faltará en vuestra despensa ¡un maravilloso frasco de muesli casero!

INGREDIENTES

- 500 g de copos de avena enteros
- 3 cucharadas de almendras laminadas
- 3 cucharadas de avellanas tostadas troceadas
- 3 cucharadas de pipas de girasol (sin freír ni salar)
- 3 cucharadas de coco rallado
- 2 cucharadas de semillas de sésamo
- 2 cucharadas de semillas de lino
- 100 g de uvas pasas
- 100 g de orejones troceados
- 4 cucharadas de salvado de avena

Distribuimos en la bandeja del horno los copos de avena y metemos al horno precalentado a 200° con calor arriba y abajo durante 10 minutos. Abrimos el horno y removemos con una cuchara de madera, dos o tres veces, para que se tueste todo por igual y teniendo cuidado de que no se queme. Para hacerlo con más facilidad, se puede tostar en dos tandas.

Sacamos la avena, la extendemos en una fuente grande y dejamos que se enfríe.

Mientras, ponemos una sartén antiadherente al fuego sin nada de materia grasa, y vamos a ir tostando todos los ingredientes.

Tostamos la almendra laminada, removiendo hasta que se dore ligeramente. Una vez tostada, la echamos en la fuente junto con los copos de avena.

Hacemos lo mismo con las pipas de girasol, las semillas de sésamo y el coco rallado, tostando cada ingrediente por separado y sin dejar de remover. Y los vamos agregando a la fuente con el resto de ingredientes.

Añadimos a la fuente las semillas de lino, las uvas pasas, las avellanas troceadas, los orejones picados y por último el salvado de avena. Removemos todo y esperamos hasta que se enfríe completamente.

Para servir, echamos en un tazón cuatro o cinco cucharadas colmadas de muesli, agregamos yogur, leche o la bebida vegetal que prefiramos, y si lo deseamos, un poco de fruta fresca, como arándanos, moras, frambuesas, manzana troceada, rodajas de plátano...

SABÍAS QUE... Esta es mi versión de muesli tostado, pero el muesli también se puede hacer sin más que mezclar todos los ingredientes crudos. No obstante, tostándolo como yo os sugiero se liberan todos los aromas y está mucho más rico.

VARIANTE Podéis quitar o añadir otros ingredientes, incluso variar las proporciones para hacerlo a vuestro gusto. Admite muy bien pipas de calabaza, nueces, dátiles, bayas de goji y otras frutas deshidratadas como arándanos, piña, papaya o plátano. También se añade a veces salvado o germen de trigo. Probad a hacerlo variando ingredientes hasta que obtengáis ¡vuestra propia receta de muesli!

SUGERENCIA Si os gusta un poco más dulce, podéis agregar un poco de sirope de agave o miel en el momento de servir.

Guardadlo en un recipiente hermético en la despensa o en un armario, donde se conservará perfectamente durante varias semanas.

GRANOLA CASERA

Quizás no sepáis lo que es la granola o no sabéis la diferencia entre el muesli y la granola. Os cuento. La granola es también una mezcla de copos de avena y frutos secos, pero no lleva frutas como el muesli. Además se mezcla con un poco de aceite y algún edulcorante, y se lleva al horno para secarla, quedando agrupada en pequeñas y deliciosas rocas.

Al igual que el muesli, esta versión casera es mucho más saludable que la que encontraréis en los supermercados y está riquíííísima. ¡Animaos con ella y os alegrará los desayunos!

INGREDIENTES

- 500 g de copos de avena enteros
- 100 g de almendras al natural con piel
- 150 g de cacahuetes con cáscara
- 8 cucharadas de aceite de oliva virgen suave
- 6 cucharadas de miel artesanal
- 125 ml de agua
- Unas gotas de esencia de vainilla
- Una pizca de sal

Pelamos los cacahuetes retirando la cáscara y la piel y los picamos con un cuchillo, dejándolos en trozos más o menos grandes. Picamos del mismo modo las almendras, retirando los trozos de piel suelta.

Echamos en un bol grande los copos de avena, las almendras, los cacahuetes, la pizca de sal y mezclamos.

Agregamos el aceite, la miel, la esencia de vainilla y el agua, y removemos hasta obtener una mezcla uniforme. Lo vertemos sobre la bandeja del horno que habremos engrasado con unas gotas de aceite y lo extendemos muy bien. Metemos al horno precalentado a 150° con calor arriba y abajo durante 40 minutos, removiendo dos o tres veces durante este tiempo para conseguir que se tueste por igual y vigilando para que no se queme.

Sacamos del horno y dejamos enfriar completamente. Una vez frío, lo guardamos en un recipiente hermético.

Para servir, echamos en un cuenco cuatro o cinco cucharadas de granola y llenamos el resto con leche de vaca o la bebida vegetal que prefiramos. También se puede consumir con yogur.

SABÍAS QUE... Aunque lo más habitual son los copos de avena, se puede hacer con otros como los de cebada o los de centeno. También se puede utilizar mijo o quinoa, y otros frutos secos como las nueces, las pipas de calabaza o los anacardos. Incluso en versiones menos clásicas se añaden frutas secas como uvas pasas, orejones, ciruelas o dátiles.

MÁS SALUDABLE Para hacerla más saludable aún, utilizad sirope de agave en lugar de miel.

Requesón casero con nueces y miel

Combinar requesón con nueces y miel es algo que seguro conoceréis, ya que probablemente habréis comido en alguna ocasión. Pero ¿sabéis lo fácil que es hacer requesón casero? Ja, ja, ¡¡síííííí, facilísimo!! Podemos hacerlo el domingo por la tarde y conservarlo en la nevera para tomarlo en el desayuno o de postre durante la semana. Cortamos un trozo, echamos unas nueces, endulzamos un poquito y tenemos un plato sano y lleno de nutrientes en un momento. Qué digo una semana… ¡no os va a durar ni dos días!

Ingredientes

- 2 litros de leche entera
- 1 yogur natural entero o desnatado
- El zumo de un limón
- 1 cucharadita de miel artesanal
- 4 nueces

Ponemos la leche en una olla a fuego medio y esperamos a que esté caliente y comiencen a formarse burbujas pequeñas sin que llegue a hervir. Bajamos el fuego, agregamos el yogur natural y el zumo de limón y removemos suavemente con una cuchara de madera.

Apartamos del fuego, tapamos y dejamos reposar durante 10 minutos. Lo que habremos conseguido será que se separe el cuajo del suero.

Vertemos en un colador de tela o en un colador al que habremos puesto una gasa por encima, y que tendremos colocado sobre un recipiente. Apretamos para que escurra bien el suero y para dar forma redonda al requesón y lo dejamos en la nevera durante 8 horas, o mejor aún hasta el día siguiente.

Al día siguiente sacamos el requesón de la gasa y cortamos una porción.

Picamos las nueces y las tostamos en una sartén antiadherente sin nada de materia grasa hasta que suelten su aroma. Las espolvoreamos sobre el requesón y regamos todo con un hilo de miel. Servimos.

Sugerencia Con estas cantidades sale aproximadamente un requesón de 350 g. Podéis hacerlo más grande simplemente doblando las cantidades de todos los ingredientes. Para conservarlo, metedlo en la nevera dentro de un recipiente cerrado.

Más saludable Para hacerlo más saludable aún, endulzad con sirope de agave en lugar de hacerlo con miel.

En la web Si queréis servir este postre de una forma más especial, por ejemplo un día que tengáis invitados, en lugar de ponerle nueces tostadas, ponedle por encima mis nueces caramelizadas, que están deliciosas, y dejaréis a todos encantados. Tenéis la receta en www.isasaweis.com.

GALLETAS DE AVENA CON CACAHUETES

Las galletas que compramos en los supermercados no son la opción más saludable por la cantidad de azúcar, grasas nocivas y aditivos que tienen. Estas galletas de avena, con cacahuetes, aceite de oliva y miel, resultan mucho más saludables y completas.

Hacerlas en casa es muy fácil, no os robará mucho tiempo y hasta resulta entretenido. Si tenéis niños es incluso una bonita actividad para hacer con ellos. Al terminar, preparáis cacao y café, y ¡a merendaaaar! Las que sobren, las guardáis en un tarrito para disfrutar todas las mañanas de un desayuno nutritivo y saludable.

INGREDIENTES

- 150 g de harina de avena
- 50 g de copos de avena
- 75 g de harina integral de trigo
- 1 cucharadita de levadura en polvo
- 2 cucharadas de azúcar moreno
- 2 huevos
- 50 g de cacahuetes tostados
- 4 cucharadas de miel artesanal
- 4 cucharadas de aceite de oliva virgen suave
- Unas gotas de esencia de vainilla
- Una pizca de sal

Ponemos en un bol la harina de avena, la harina integral de trigo, los copos de avena, la levadura en polvo y la pizca de sal, y mezclamos bien. Hacemos un hoyo en el centro y echamos los huevos batidos, el aceite de oliva, la miel, el azúcar, las gotas de esencia de vainilla y los cacahuetes picados en trozos grandes. Removemos hasta integrarlo todo.

Con ayuda de una cuchara, ponemos porciones de la mezcla sobre la bandeja del horno forrada con papel vegetal, y las aplanamos un poco.

Las metemos al horno precalentado a 180° con calor arriba y abajo durante 12 minutos, hasta que estén firmes y ligeramente doradas.

Sacamos del horno, esperamos un par de minutos para tocarlas, porque estarán blandas aún, y las colocamos sobre una rejilla para que se enfríen completamente y tomen consistencia.

SABÍAS QUE... Al sacar del horno tanto los panes como las galletas o las pastas, lo ideal es dejarlos enfriar sobre una rejilla. Esto se hace para que al no estar la base en contacto con una superficie, circule el aire y no se quede humedecida con el vapor. Así no se ablandará y se mantendrá crujiente.

SUGERENCIA Para conservarlas, metedlas en un recipiente hermético y guardadlas en la despensa.

MÁS SALUDABLE Para hacerlas más saludables aún, utilizad azúcar integral de caña o azúcar de coco en lugar de azúcar moreno, y sirope de agave en lugar de miel.

EN LA WEB Si os gustan las galletas de avena y buscáis otras versiones, entrad en www.isasaweis.com y buscad mis famosas galletas de avena y naranja con aceite de oliva. ¡Son famosas por algo!

FRITTATA MEDITERRÁNEA

¿Os gusta desayunar salado? No os conforméis con una simple tortilla francesa (aunque rica también, ¿eh?), pero podemos hacerlo mucho mejor con una completa y deliciosa frittata. Os doy la receta de una que me encanta. La suavidad de los huevos, el frescor de la cebolleta, el dulzor y la acidez de los tomates, el salado de las aceitunas, y la cremosidad y el picante del queso de cabra hacen que no le falta de nada. Y la tendremos lista en solo 15 minutos. ¡No hay excusas para no cuidarse!

INGREDIENTES

- 4 huevos
- ½ cebolleta
- 4 rodajas finas de queso de cabra en rulo
- 8 tomates cherry
- 8 aceitunas negras sin hueso
- 4 cucharadas de leche desnatada
- 1 cucharada de aceite de oliva virgen
- Orégano, tomillo, sal y pimienta negra

Cortamos la cebolleta a pluma muy fina y los tomates cherry a la mitad.

Calentamos el aceite de oliva en una sartén pequeña que pueda ir al horno y rehogamos la cebolleta durante 5 o 6 minutos hasta que esté tierna. Añadimos los tomates y sofreímos todo durante 2 minutos más.

En un cuenco, batimos los huevos junto con la leche, orégano, tomillo y pimienta negra al gusto, y una pizca de sal. Lo vertemos en la sartén, removiendo y levantando las verduras con una espátula para que la mezcla de huevo pase por debajo. Dejamos que se cuajen a fuego suave, hasta que comience a dorarse la parte de abajo.

Distribuimos por encima las rodajas de queso de cabra y las aceitunas negras, y metemos al horno precalentado a máxima potencia y con el grill, durante 5 minutos hasta que la superficie esté dorada.

Sacamos y servimos en la propia sartén.

SABÍAS QUE... La frittata es una tortilla tradicional de la cocina italiana cuya principal característica es que los ingredientes no se mezclan con los huevos, sino que se echan a la sartén por separado. Se puede hacer como os muestro en esta receta, o si los ingredientes no necesitan apenas cocinado, echando primero los huevos y colocando el resto de los ingredientes encima. Habitualmente se mete al horno para gratinar y se sirve en la propia sartén.

VARIANTE Si preferís podéis sustituir el queso de cabra por mozzarella fresca, que tiene un sabor más suave. También podéis probar a hacer muchas versiones diferentes con otros ingredientes. Os sugiero algunos que le van muy bien: champiñones o setas, calabacín, pimiento rojo y verde, jamón, salmón ahumado o gambas.

@ EN LA WEB En www.isasaweis.com tenéis la receta de mi clásica tortilla de patatas, pero también una versión de tortilla de patatas ligera que ¡no os podéis perder!

TORTITAS DE AVENA

Si hay un desayuno que se ha hecho famoso dentro de la cocina saludable, al menos en Internet, ¡esas son las tortitas! Existen multitud de versiones. Yo he hecho muchas pruebas hasta que di con esta mezcla que me encanta. Quedan ligeramente dulces, con el sabor del plátano, esponjosas gracias a la levadura y el chorrito de leche, y deliciosas con el toque de canela. Además son un desayuno muy completo y saludable, lleno de minerales, vitaminas y grasas esenciales. El resultado, buenísimo. ¡No vais a creer que os estáis cuidando con este desayuno tan rico!

INGREDIENTES

- ½ plátano
- 5 claras de huevo
- 2 cucharadas de copos de avena
- 1 cucharada de salvado de avena
- 4 cucharadas de leche desnatada
- 2 nueces
- ¼ de cucharadita de canela
- ¼ de cucharadita de levadura en polvo
- Unas gotas de aceite de oliva virgen

PARA SERVIR:

- Arándanos frescos
- Miel artesanal (opcional)

Echamos en el vaso de la batidora los copos de avena, el salvado de avena, la levadura en polvo, el plátano, las nueces peladas y la canela. Agregamos la leche y las claras de huevo, y trituramos todo con la batidora hasta obtener una mezcla homogénea.

Engrasamos una sartén mediana con un poco de aceite de oliva y lo extendemos bien con ayuda de una toallita de papel. Vertemos la mitad de la mezcla y dejamos hacer a fuego bajo.

Cuando se haya cuajado por un lado, le damos la vuelta ayudándonos de una espátula y cuajamos por el otro lado.

Hacemos lo mismo con el resto de la mezcla.

Disponemos en un plato las dos tortitas, distribuimos por encima unos arándanos frescos y regamos, si lo deseamos, con un hilo de miel.

VARIANTE Podéis sustituir la leche de vaca por cualquier bebida vegetal que os guste, de soja, almendra, arroz, avena...

En los supermercados venden unos botes solo de claras de huevo. Así no os quedarán yemas por ahí sueltas, pero si lo preferís podéis sustituir las 5 claras de huevo por 2 huevos enteros.

SUGERENCIA Con estas cantidades da para hacer dos o tres tortitas en función de lo finas que las queráis y del tamaño de la sartén. También se puede hacer una sola tortita más gruesa, cuajándola a fuego bajo para que se haga bien por dentro. Yo la hago así muchas veces y me encanta porque queda muy esponjosa.

IDEA A veces también añado a la mezcla una cucharadita colmada de semillas variadas. Tengo en la despensa un frasco, que relleno cuando se me acaba, donde mezclo semillas de sésamo, lino, cáñamo, chía, amapola... Y así tengo la mezcla hecha para cuando quiero utilizarlas en alguna receta, como las tortitas, bizcochos, salteados o ensaladas.

EN LA WEB Cuando me apetece algo especial para merendar o tomar a media mañana, o cuando me entran de pronto ganas de comer algo rico de postre pero quiero que sea saludable, preparo otra tortita que me encanta y que es especialmente saciante y ligera. Buscad en la web www.isasaweis.com la «tortita de salvado de avena y manzana».

BIZCOCHO MULTIFRUTAS CON AVELLANAS

Manzana, naranja, zanahorias, uvas, avellanas… ¡Qué maravilla mezclar todo eso en un bizcocho! ¿No os parece? Las frutas aportan aroma y dulzor, y le dan una textura muy jugosa. Si además lo hacemos con un buen aceite de oliva, obtenemos un grandioso bizcocho. Acompañado en mi caso de un café con leche bien calentito… Mmm. ¡Os confieso que salto de la cama cuando suena el despertador! Ja, ja.

INGREDIENTES

- 200-350 g de harina integral
- 1 cucharadita de levadura en polvo
- 100 ml de aceite de oliva virgen suave
- 2 huevos
- 100 g de azúcar moreno
- 2 zanahorias
- 1 manzana
- 200 g de uvas pasas (o arándanos deshidratados)
- 200 g de orejones
- 50 g de avellanas tostadas
- ½ cucharadita de canela
- La ralladura de 1 naranja

Pelamos las zanahorias y la manzana y las rallamos con ayuda de un rallador grueso. Reservamos. Echamos en el vaso de la batidora el aceite de oliva y el azúcar y batimos muy bien. Incorporamos los huevos y batimos de nuevo durante un par de minutos.

Vertemos la mezcla en un bol y agregamos la zanahoria y la manzana ralladas, la ralladura de naranja, las uvas pasas enteras, los orejones picados y las avellanas troceadas. Mezclamos bien. Incorporamos la harina integral, tamizándola con un colador para airearla, pero echamos también después el salvado que quede en el colador. Agregamos la levadura y la canela, y envolvemos todo suavemente con ayuda de una espátula, con movimientos de abajo hacia arriba, hasta que la mezcla esté homogénea.

Engrasamos un molde de aro desmontable de unos 20 cm con un poco de aceite de oliva y con ayuda de una toallita de papel, y vertemos le mezcla del bizcocho. Metemos al horno precalentado a 180° con calor arriba y abajo, y cocinamos durante 1 hora.

Si en el tramo final se dorara mucho la superficie, abrimos el horno con cuidado y deslizamos sobre el bizcocho una hoja de papel de aluminio, para que se siga haciendo pero no se dore más. Antes de sacarlo, abrimos el horno con cuidado y pinchamos en el centro con una brocheta o un cuchillo para comprobar que sale limpia y por tanto está hecho. Si no fuera así, lo dejamos durante 10 minutos más. Cuando esté hecho, sacamos y dejamos enfriar.

NOTA En función de la harina que utilicéis, y debido a la cantidad de ingredientes húmedos que lleva esta receta, la cantidad de harina puede variar bastante, entre 200 y 350 g. Recomiendo echarla poco a poco, para así utilizar solo la necesaria, hasta tener una consistencia un poco espesa, pero cremosa.

SUGERENCIA Hacedlo de un día para otro. Se intensifican los sabores, y un día o dos después, está aún más rico. Para conservarlo, envolvedlo en papel de aluminio o metedlo en una bolsa cerrándola bien sin que quede aire dentro.

SABÍAS QUE… Mientras se hornea un bizcocho no se debe abrir la puerta del horno, ya que baja la temperatura y no subirá bien. Cuando se haya completado el tiempo de cocción, se puede abrir ligeramente para pincharlo en el centro con una brocheta o un cuchillo y comprobar que sale limpio, lo que indicará que ya está hecho.

MÁS SALUDABLE Para hacerlo más saludable aún, utilizad azúcar integral de caña o azúcar de coco.

EN LA WEB No os perdáis en www.isasaweis.com el bizcocho de naranja, el de chocolate o el de nata y nueces, para esos caprichos que debemos darnos.

GACHAS DE AVENA CON PLÁTANO Y ALMENDRAS

¡Me encanta la porridge o gachas de avena! Este desayuno es muy reconfortante, completo y nutritivo. Además es muy saciante y nos da la energía necesaria para funcionar de maravilla toda la mañana. Al tomar la avena caliente resulta aún más agradable y digestiva, y con el toque dulce y el delicioso aroma de la canela, mmm, ¡es realmente una delicia!

INGREDIENTES

- 50 g de copos de avena
- 250 ml de leche desnatada
- ½ plátano en rodajas
- 8 almendras al natural con piel
- ¼ de cucharadita de canela
- Miel artesanal

Ponemos en un cazo al fuego la leche y los copos de avena y cocinamos durante 10 o 15 minutos, removiendo con una cuchara de madera hasta que espese.

Retiramos del fuego, agregamos la canela molida y mezclamos.

Vertemos en un tazón, colocamos encima las rodajas de plátano y las almendras, regamos con un hilo de miel a nuestro gusto para endulzar, y servimos.

SABÍAS QUE... La avena tiene propiedades anticancerígenas, ayuda a bajar el nivel de colesterol en sangre y es una buena fuente de magnesio y cinc. Además, debido a su riqueza en fibra soluble, contribuye a regular la glucosa en sangre y controla el apetito.

VARIANTE Se puede hacer utilizando agua en lugar de leche. También podéis sustituir la leche de vaca por la bebida vegetal que más os guste, de almendra, de soja, de avellana o de arroz.

Por supuesto podéis servirla con otras frutas como manzana y otros frutos secos como avellanas o nueces.

SUGERENCIA Una vez apartadas del fuego, las gachas van cogiendo consistencia a medida que van enfriando. Por eso dejadlas un poco más líquidas de lo que deseéis para consumirlas a vuestro gusto.

IDEA Si por la mañana vais justos de tiempo, podéis preparar las gachas la noche anterior y reservarlas en la nevera. Al día siguiente, las calentáis un poco si lo deseáis, y añadís el plátano y las almendras.

MÁS SALUDABLE Para hacerlas más saludables aún, utilizad sirope de agave en lugar de miel.

HUEVOS REVUELTOS CON SALMÓN AHUMADO

Os propongo un plato muy completo y nutritivo para tomar en el desayuno. Unos deliciosos huevos revueltos que haremos con leche en lugar de nata, pero que quedarán igual de cremosos que los que nos sirven en los bufés de los hoteles. El único truco es dejar que se cuajen despacio a fuego lento mientras removemos.

Si los servimos sobre un crujiente pan integral de cereales, y acompañamos con un zumo o una fruta, tendremos un desayuno muy completo.

INGREDIENTES

- 2 huevos
- 2 cucharadas de leche desnatada
- ½ cebolleta
- 1 diente de ajo
- 2 lonchas de salmón ahumado
- 1 cucharadita de cebollino fresco picado
- 1 cucharadita de aceite de oliva virgen
- Pimienta negra

PARA SERVIR

- Eneldo
- Una rebanada de pan integral multisemillas (ver receta en pág 168) u otro pan integral de cereales

Calentamos en una sartén antiadherente el aceite de oliva y rehogamos la cebolleta cortada en pluma fina junto con el diente de ajo entero con piel.

Echamos en un cuenco los huevos, la leche, el cebollino fresco picado y un poco de pimienta negra, y batimos bien.

Cuando la cebolleta esté pochada, retiramos el diente de ajo de la sartén y vertemos la mezcla de huevo. Removemos suavemente a fuego bajo, para que se vayan cuajando.

Tostamos la rebanada de pan multisemillas y la colocamos en un plato. Distribuimos por encima los huevos revueltos, colocamos las dos lonchas de salmón ahumado, espolvoreamos con un poco de eneldo, si puede ser fresco mejor, y servimos.

? SABÍAS QUE... El salmón es rico en proteínas y ácidos grasos saludables como el omega 3, que contribuye a bajar los niveles de colesterol en sangre y mantener el buen estado del sistema cardiovascular.

! SUGERENCIA Para esta receta, cuajamos los huevos en la sartén para hacerla más rápidamente y aprovechar también que acabábamos de pochar la cebolla.

Pero si queréis hacer huevos revueltos sin nada más, y para un día que tengáis algo más de tiempo, os cuento cómo hacerlos al baño maría, porque quedan espectaculares. Para ello, ponéis un cazo al fuego con suficiente agua, y cuando comience a hervir colocáis encima un cuenco de tamaño más pequeño que el cazo para que quede encajado en él sin hundirse, pero de forma que el fondo del cuenco toque con el agua. Echáis la leche en el cuenco y, cuando esté caliente, agregáis los huevos batidos y salpimentados, y dejáis que se cuajen a fuego bajo removiendo con unas varillas.

MAGDALENAS DE ARÁNDANOS

Los desayunos no tienen por qué ser aburridos en una alimentación sana, ni mucho menos. Tenemos un montón de opciones riquísimas y saludables, y estas magdalenas de arándanos frescos son prueba de ello. Las podemos hornear el fin de semana, y así el lunes al levantarnos tenemos el desayuno listo. Incluso si vais con prisa, podéis coger una o dos y llevarlas al trabajo. Es una buena forma de empezar la semana, ¿no creéis?

INGREDIENTES

- 250 g de harina integral
- 1 sobre de levadura en polvo
- 150 g de azúcar moreno
- 250 ml de leche desnatada
- 2 huevos
- 4 cucharadas de aceite de oliva virgen suave
- Unas gotas de esencia de vainilla
- 80 g de arándanos frescos
- Una pizca de sal

Echamos en el vaso de la batidora los huevos, la leche, el aceite y la esencia de vainilla, y trituramos hasta obtener una crema.

Ponemos en un bol la harina, la sal, la levadura en polvo y el azúcar, y mezclamos bien. Hacemos un hoyo en el centro y vertemos el batido de huevos y leche, mientras vamos removiendo suavemente, hasta obtener una mezcla homogénea.

Agregamos los arándanos y mezclamos con una espátula, haciendo movimientos envolventes y sin batir.

Colocamos las cápsulas de papel para magdalenas dentro de unas flaneras rígidas y rellenamos ¾ partes de su capacidad. Metemos al horno precalentado a 180° con calor arriba y abajo durante 20 minutos hasta que suban y la superficie esté dorada.

Sacamos y dejamos enfriar.

SABÍAS QUE... Los arándanos son una de las frutas con mayor capacidad antioxidante, por lo que ayudan a retardar los efectos del envejecimiento. Fortalecen los capilares sanguíneos gracias a su poder antiinflamatorio y anticoagulante. Son beneficiosos para el sistema urinario y digestivo, y también para la vista.

VARIANTE Podéis sustituir los arándanos frescos por arándanos deshidratados. También podéis hacer otra versión muy diferente sustituyendo los arándanos por 30 g de uvas pasas y 50 g de trozos de manzana.

TRUCO Colocamos las cápsulas de papel para magdalenas dentro de unas flaneras rígidas, de aluminio o de silicona, para que no se abran y permitan crecer a las magdalenas hacia arriba.

Otro de los trucos para que las magdalenas suban bien es dejarlas reposar en la nevera para que la mezcla esté bien fría antes de hornearlas.

Para que la miga resulte esponjosa y suelta es importante batir muy bien y durante bastante tiempo en los distintos pasos, como os indico en la receta.

MÁS SALUDABLE Para hacerlas más saludables aún, utilizad azúcar integral de caña o azúcar de coco en lugar de azúcar moreno.

EN LA WEB En www.isasaweis.com tenéis la receta de las deliciosas magdalenas de nata, para cuando queráis hacer una merienda especial.

GALLETAS EXPRÉS SIN HARINAS

Hay días en que nos apetece especialmente «algo rico» a media mañana o a media tarde... Que el yogur o la pieza de fruta están muy bien, pero a veces lo que nos pide el cuerpo es algo caliente con un bocadito dulce, ¿verdad? Os dejo cuatro opciones estupendas para estos momentos. Unas galletas saludables y nutritivas, que nos quitarán ese gusanillo y nos darán la energía necesaria para continuar la jornada y llegar sin problema hasta la próxima comida. Yo suelo tener en casa un recipiente hermético con algunas de estas galletas, para la merienda o incluso algunos días para después de comer. Cojo una (o dos), me preparo un cafetín caliente y... mmm, ¡me sabe a gloria!

DELICIAS DE COCO Y PLÁTANO CON CACAHUETES

INGREDIENTES • 200 g de coco rallado • 1 huevo • 1 plátano maduro grande • 2 cucharadas de miel artesanal, melaza o sirope de agave • 2 cucharadas de cacahuetes tostados • 1 pizca de sal

Ponemos el plátano en un bol y lo machacamos con un tenedor. Agregamos el coco rallado, el huevo, la miel, la pizca de sal y los cacahuetes tostados y picados, y mezclamos todo.

Cogemos porciones con las manos humedecidas, formamos bolas y las colocamos sobre la bandeja del horno forrada con papel vegetal. Aplastamos con la mano o con el reverso de una cuchara, dejándolas de 1 cm de grosor y metemos al horno precalentado a 180° con calor arriba y abajo durante 25 minutos, hasta que estén ligeramente doradas.

Sacamos, dejamos entibiar antes de tocarlas y las colocamos sobre una rejilla para que se enfríen completamente.

SABÍAS QUE... Los cacahuetes en realidad no son un fruto seco, forman parte de la familia de las legumbres, y por tanto comparten con ellas muchas de sus propiedades. Tienen un IG bajo, mucha fibra y son ricos en esteroles vegetales, que reducen el nivel de colesterol. Son también una fuente muy importante de resveratrol, un gran aliado contra las enfermedades cardiacas.

Además son muy ricos en proteínas y en vitaminas E y del grupo B, que favorecen el buen estado de la piel y de las mucosas.

FLORENTINAS DE ALMENDRA Y NARANJA CON O SIN CHOCOLATE

INGREDIENTES • 150 g de almendras laminadas • 1 huevo • La ralladura de 1 naranja • 2 cucharadas de miel artesanal, melaza o sirope de agave • 4 onzas de chocolate negro

Mezclamos en un bol la almendra laminada, el huevo, la ralladura de la naranja y el sirope de agave o la miel.

Formamos montones sobre la bandeja del horno forrada con papel vegetal, y los aplastamos con una cuchara dejándolos planos y dándoles forma redonda. Podemos ayudarnos también de un aro de emplatar.

Metemos al horno precalentado a 180° con calor arriba y abajo durante 15 minutos, hasta que estén doradas.

Sacamos, dejamos entibiar antes de tocarlas y las colocamos sobre una rejilla para que se enfríen completamente.

Derretimos el chocolate negro en un cuenco en el microondas o al baño María sobre un cazo con agua hirviendo, removiendo hasta obtener una crema. Si se desea un poco más ligero, agregar un chorro de leche.

Pincelamos la cara de abajo de algunas de las galletas con el chocolate, dejando otras como están, y dejamos secar.

SABÍAS QUE... Las almendras son un fruto seco muy nutritivo, rico en proteínas, vitaminas y minerales. Destaca su contenido en calcio, incluso más del doble que otras fuentes más conocidas, como los lácteos. Además son ricas en vitaminas B1, B6 y sobre todo E.

Tonifican el sistema nervioso y contribuyen a disminuir el colesterol. Ayudan a superar el estrés, los decaimientos de ánimo y la fatiga.

SUGERENCIA Siempre que en una receta nos indiquen que agreguemos ralladura de naranja o de limón, tendremos cuidado de rallar solo la parte naranja o amarilla respectivamente, que es la que aporta el aroma. La parte de piel blanca que hay debajo es amarga y añadiría un sabor que no queremos.

COQUITOS CON AROMA A LIMÓN

INGREDIENTES • 150 g de coco rallado • 3 cucharadas de azúcar moreno, azúcar integral de caña o azúcar de coco • 3 claras de huevo • La ralladura de 1 limón

Echamos en un bol el coco rallado, el azúcar y la ralladura de limón y removemos para mezclarlo bien.

Agregamos las claras de huevo y mezclamos hasta obtener una mezcla arenosa y húmeda.

Cogemos porciones, las apretamos en la mano cerrando el puño, y vamos formando bolas. Han de conservar la forma y no desmenuzarse. Si se desmenuzaran, echamos otra clara de huevo.

Colocamos los coquitos sobre la bandeja del horno forrada con papel vegetal y metemos al horno precalentado a 180° con calor arriba y abajo durante 12 o 15 minutos, hasta que estén dorados.

Sacamos y dejamos que se enfríen completamente sin tocarlos.

SABÍAS QUE... El coco es un alimento muy rico en minerales, entre los que destacan el magnesio, el calcio y el fósforo. También es muy rico en grasas, pero aun siendo la mayor parte de ellas saturadas, se ha demostrado, en contra de lo que se creía, que se trata de un tipo especial de ácidos grasos de cadena corta y media que no favorecen la producción de colesterol. Además, las grasas del coco se absorben y asimilan muy bien.

GALLETAS DE PLÁTANO Y AVENA CON TROCITOS DE CHOCOLATE Y NUEZ

INGREDIENTES • 2 plátanos maduros grandes • 200 g de copos de avena • 4 cucharadas de aceite de oliva • 2 cucharadas de miel artesanal, melaza o sirope de agave • 2 cucharadas de chocolate negro picado • 2 cucharadas de nueces picadas

Ponemos los plátanos en un bol y la miel y lo machacamos con un tenedor. Agregamos el aceite de oliva, los copos de avena, el chocolate negro picado y las nueces troceadas y mezclamos todo.

Cogemos porciones con las manos humedecidas, formamos bolas y las colocamos sobre la bandeja del horno forrada con papel vegetal. Aplastamos para formar las galletas, dejándolas un poco gruesas, y metemos al horno precalentado a 180° con calor arriba y abajo durante unos 20 minutos, hasta que estén doradas.

Sacamos, dejamos entibiar antes de tocarlas y las colocamos sobre una rejilla para que se enfríen completamente.

SABÍAS QUE... El plátano es una de las frutas más nutritivas, muy rico en potasio y vitamina B6. Además es ricos en fibra y contiene almidones de digestión lenta que ayudan a prevenir estreñimiento y mantener sano el intestino grueso, protegiéndonos de padecer cáncer de colon.

BARRITAS ENERGÉTICAS Y PASTELITOS

¡Una vez hayáis probado a hacer barritas energéticas en casa nunca más volveréis a comprarlas! Están deliciosas y son una opción estupenda para tomar a media mañana o a media tarde porque son muy saciantes y nutritivas.

Se preparan en un momento, algunas de ellas ni siquiera necesitan hornearse, y una vez hechas, las podemos conservar en un recipiente hermético o bien envolverlas en papel film una a una y congelarlas. Son muy prácticas para llevar al gimnasio, para la merienda de los críos o para reponer energía en una excursión por el campo. Admiten un montón de variaciones, así que pronto inventaréis vuestras propias versiones. Mientras, para que vayáis probando, os propongo seis ideas de barritas y tres de pastelitos, todas ellas muy saludables y riquísimas.

¡A ver quién es el «salao» que os dice ahora que comer sano es aburrido!

BARRITAS DE AVENA CON CACAHUETES

INGREDIENTES • 6 cucharadas de mantequilla de cacahuete • 6 cucharadas de miel artesanal, melaza o sirope de agave • 6 cucharadas de agua • 300 g de copos de avena • 75 g de uvas pasas • 75 g de cacahuetes enteros tostados • 3 cucharadas de salvado de avena • 1 pizca de sal

Ponemos en un cazo al fuego la miel, la mantequilla de cacahuete y el agua, y calentamos a fuego suave, removiendo hasta que esté todo bien integrado.

En un bol, mezclamos los copos y el salvado de avena con las uvas pasas, los cacahuetes enteros y la pizca de sal.

Agregamos al bol la mantequilla de cacahuete derretida con la miel y mezclamos todo con una cuchara de madera.

Engrasamos un molde rectangular pequeño con un poco de aceite de oliva y con ayuda de una toallita de papel y vertemos la mezcla aplastando bien con el reverso de una cuchara.

Metemos al horno precalentado a 200° con calor arriba y abajo durante 15 minutos hasta que la superficie esté ligeramente dorada.

Sacamos y marcamos las barritas con un cuchillo afilado. Esperamos a que enfríen completamente y las sacamos del molde.

SABÍAS QUE... El salvado de avena es rico en beta-glucano, un tipo de fibra soluble que tiene un suave efecto laxante, y que sobre todo disminuye el nivel de colesterol gracias a que absorbe y arrastra los ácidos biliares del intestino. Además contribuye a regular el apetito y los niveles de glucosa en sangre.

BARRITAS DE HIGOS Y NARANJA CON PIPAS DE GIRASOL

INGREDIENTES • 3 huevos • 2 cucharadas de aceite de oliva virgen suave • 200 ml de zumo de naranja • 200 g de harina integral • 150 g de copos de avena • 1 cucharadita de levadura en polvo • 75 g de azúcar moreno, azúcar integral de caña o azúcar de coco • 150 g de higos secos • 100 g de pipas de girasol • ½ cucharadita de canela en polvo • ½ cucharadita de jengibre en polvo • La ralladura de ½ naranja • Una pizca de sal • 50 g de almendra laminada

En un bol, batimos los huevos con el zumo de naranja y el aceite de oliva. Reservamos.

En otro bol, echamos la harina integral, los copos de avena, la levadura, el azúcar, los higos secos picados, las pipas de girasol, la canela, el jengibre, la ralladura de naranja y la sal. Mezclamos bien y hacemos un hoyo en el centro. Vertemos la mezcla de huevos y removemos hasta obtener una pasta homogénea.

Engrasamos un molde rectangular de 20 × 30 aproximadamente con un poco de aceite de oliva y con ayuda de una toallita de papel, y vertemos la mezcla aplastando bien con el reverso de una cuchara. Distribuimos por encima la almendra laminada y metemos al horno precalentado a 200° con calor arriba y abajo durante 20 minutos hasta que la superficie se dore ligeramente.

Cuando esté listo, sacamos y marcamos las barritas con un cuchillo afilado. Esperamos a que enfríen completamente y las sacamos del molde.

SABÍAS QUE... Los higos secos concentran todos los nutrientes de los higos frescos a excepción de las vitaminas A y C. Son ricos en vitaminas del grupo B y vitamina E, y en minerales como el potasio, el magnesio, el calcio y el hierro. Son especialmente beneficiosos para las afecciones bronquiales, calman la tos, facilitan la expectoración y suavizan las vías respiratorias; y para el sistema digestivo, son también laxantes y diuréticos.

BARRITAS DE ALMENDRA CON FRUTAS

INGREDIENTES • 100 ml de zumo de naranja • 4 cucharadas de miel artesanal, melaza o sirope de agave • 50 g de copos de avena • 150 g de almendra molida • 50 g de coco rallado • 100 g de uvas pasas • 100 g de orejones • 75 g de arándanos deshidratados

Calentamos en un cazo el zumo de naranja y la miel, removiendo hasta disolverla. Reservamos.

Echamos en un bol los copos de avena, el coco rallado y la almendra molida y mezclamos. Incorporamos las uvas pasas, los arándanos deshidratados, los orejones picados y la mezcla de zumo y miel, y removemos hasta obtener una pasta manejable. Si quedara demasiado líquida, incorporamos un poco más de almendra molida, y si quedara muy seca, agregamos un poco más de zumo de naranja.

Echamos la mezcla en un molde rectangular de 20 × 30 aproximadamente que habremos engrasado previamente con un poco de aceite de oliva y ayudándonos de una toallita de papel, y la aplastamos con una espátula o con las manos, dejando la superficie lisa.

Tapamos con papel film y metemos a la nevera durante 4 horas o hasta el día siguiente.

Cortamos en barritas y las reservamos en la nevera.

SABÍAS QUE... Los orejones son los albaricoques desecados. Son una gran fuente de provitamina A por su riqueza en beta-caroteno, fundamental para el buen estado de la vista, la piel, y las mucosas. También destaca su contenido en hierro y potasio. Al contrario que los albaricoques frescos maduros que son ligeramente astringentes, los orejones tienen poder laxante.

BARRITAS DE CEREALES INFLADOS CON ARÁNDANOS

INGREDIENTES • 4 cucharadas de azúcar moreno, azúcar integral de caña o azúcar de coco • 2 cucharadas de agua • 1 cucharada de miel artesanal, melaza o sirope de agave • 250 g de cereales inflados (trigo, arroz, quinoa, mijo...) • 125 g de arándanos deshidratados • 5 cucharadas de pipas de calabaza • 3 cucharadas de semillas de sésamo

Ponemos una sartén antiadherente al fuego con el azúcar y el agua, y dejamos a fuego bajo, sin moverlo hasta que se haga caramelo. Vigilamos para que no se queme.

Cuando esté casi hecho, apartamos del fuego, agregamos la miel y mezclamos. Añadimos los cereales inflados, los arándanos deshidratados, las pipas de calabaza y las semillas de sésamo. Ponemos de nuevo al fuego y removemos hasta que esté todo impregnado.

Vertemos en un molde rectangular de tamaño mediano, que habremos engrasado previamente con un poco de aceite de oliva, ayudándonos de una toallita de papel, y aplastamos bien, alisando la superficie con el reverso de una cuchara.

Tapamos con papel film y reservamos en la nevera durante dos o tres horas para que cojan consistencia.

Sacamos y cortamos en barritas.

SABÍAS QUE... Los cereales inflados que forman parte de esta receta no son los de las cajas de cereales de desayuno que se encuentran en los supermercados y que llevan habitualmente muchos aditivos, mucho azúcar y mucha sal añadidos. Los cereales a los que me refiero los encontraréis en herbolarios o secciones de dietética de los supermercados. Se trata de cereales integrales inflados, con todas sus propiedades, que resultan ligeros y de fácil digestión.

BARRITAS EXPRÉS DE DÁTIL Y ALMENDRA

INGREDIENTES • 100 g de dátiles • 125 g de almendras tostadas • 2 cucharadas de aceite de oliva virgen suave • 1 cucharada de miel artesanal, melaza o sirope de agave

Trituramos los dátiles, las almendras, el aceite y la miel con un vaso americano, un robot de cocina o una batidora potente hasta obtener una pasta homogénea.

Vertemos la mezcla en un molde rectangular de tamaño mediano, que habremos engrasado previamente con un poco de aceite de oliva y ayudándonos de una toallita de papel, y la aplastamos con una espátula o con las manos humedecidas, dejando la superficie lisa.

Tapamos con papel film y reservamos en la nevera durante dos o tres horas.

Sacamos y cortamos en barritas.

En lugar de hacer barritas, también podemos coger porciones de la mezcla con las manos humedecidas y formar bolitas.

¿SABÍAS QUE... Los dátiles son una de las frutas más ricas en minerales, destacan el potasio, el hierro, el magnesio, el fósforo y el calcio. Contienen mucha fibra, sobre todo soluble, y son unos grandes aliados contra las afecciones respiratorias, suavizan los bronquios, alivian la tos y combaten los catarros.

BARRITAS EXPRÉS DE MANTEQUILLA DE CACAHUETE

INGREDIENTES • 250 g de copos de avena • 4 cucharadas de mantequilla de cacahuete • 4 cucharadas de miel artesanal, melaza o sirope de agave • 1 puñado de cacahuetes tostados • 1 pizca de sal

Echamos los copos de avena, la mantequilla de cacahuete, el sirope de agave o la miel, los cacahuetes tostados picados y la pizca de sal en un bol, y los mezclamos hasta obtener una pasta homogénea.

Vertemos la mezcla en un molde rectangular de tamaño mediano, que habremos engrasado previamente con un poco de aceite de oliva y ayudándonos de una toallita de papel, y la aplastamos con una espátula o con las manos humedecidas, dejando la superficie lisa.

Tapamos con papel film y reservamos en la nevera durante dos o tres horas.

Sacamos y cortamos en barritas.

¿SABÍAS QUE... La mantequilla de cacahuete se elabora a base de cacahuetes, que habitualmente se tuestan ligeramente y se trituran. Ayuda a reducir el nivel de colesterol y es muy rica en nutrientes, especialmente en vitamina B3. A la hora de comprarla, es conveniente mirar los ingredientes para comprobar que esté elaborada exclusivamente de cacahuetes y no se le hayan añadido diversos aditivos. También se puede elaborar en casa triturando cacahuetes con un picador que tenga bastante potencia.

PASTELITOS DE CACAO CON DÁTILES Y NUEZ

INGREDIENTES • 200 g de harina integral • 50 g de cacao puro en polvo sin azúcar • 75 g de azúcar moreno, azúcar integral de caña o azúcar de coco • ½ cucharadita de canela • 2 huevos • 150 ml de leche desnatada • 4 cucharadas de aceite de oliva virgen suave • Unas gotas de esencia de vainilla • 175 g de dátiles • 50 g de nueces

Echamos la harina integral, el cacao en polvo, el azúcar y la canela y mezclamos bien.
Agregamos los huevos batidos, la leche, el aceite y las gotas de esencia de vainilla y removemos hasta que esté todo integrado.
Incorporamos los dátiles y las nueces todo picado y lo mezclamos de nuevo.
Engrasamos un molde cuadrado de 18 × 18 aproximadamente con un poco de aceite de oliva, con ayuda de una toallita de papel y vertemos la mezcla alisando la superficie con el reverso de una cuchara.
Metemos al horno precalentado a 180° con calor arriba y abajo durante 25 minutos, hasta que la superficie esté dorada.
Sacamos, dejamos enfriar y cortamos en cuadrados.

¿SABÍAS QUE... El cacao puro o el chocolate con más del 70 % de cacao es un gran antioxidante, y una muy buena fuente de minerales, como hierro, potasio, fósforo y magnesio. Además ayuda en estados de decaimiento de ánimo, tonificando el sistema nervioso.

PASTELITOS DE MANZANA CON AVELLANAS Y ARÁNDANOS

INGREDIENTES • 3 manzanas dulces • 100 ml de agua • 1 trozo de piel de naranja • 1 rama de canela • 200 g de copos de avena • 2 cucharadas de aceite de oliva virgen suave • 50 g de azúcar moreno, azúcar integral de caña o azúcar de coco • 50 g de arándanos deshidratados • 50 g de avellanas tostadas sin sal

Ponemos en un cazo al fuego las manzanas peladas y troceadas junto con el agua, la piel de naranja y la canela, y cocemos durante 20 minutos removiendo de vez en cuando.
Retiramos la rama de canela y la piel de naranja, y trituramos con la batidora.
En un bol, mezclamos los copos de avena con el aceite, el azúcar, los arándanos y las avellanas troceadas. Vertemos el puré de manzana y removemos hasta integrarlo todo.
Engrasamos un molde cuadrado de 20 × 20 aproximadamente con un poco de aceite de oliva y con ayuda de una toallita de papel y vertemos la mezcla alisando la superficie con el reverso de una cuchara.
Metemos al horno precalentado a 180° con calor arriba y abajo durante 20 minutos, hasta que la superficie esté dorada. Sacamos y dejamos enfriar y cortamos en cuadrados.

¿SABÍAS QUE... Las manzanas son una buena fuente de quercetina, el flavonol más conocido, que es un poderoso antioxidante. Contienen pectina, que es un tipo de fibra insoluble que actúa en el intestino reteniendo agua y sustancias de desecho, arrastrando las toxinas y favoreciendo su eliminación.

Tienen propiedades antiinflamatorias y anticancerígenas, y su consumo además está asociado a una menor incidencia de cáncer de pulmón. Ayudan a que el colesterol no se deposite en las arterias y nos protegen contra los infartos.

PASTELITOS DE YOGUR CON PASAS Y PIÑONES

INGREDIENTES • 2 huevos • 2 yogures naturales desnatados • 6 cucharadas de miel artesanal, melaza o sirope de agave • Unas gotas de esencia de vainilla • 150 g de harina integral • 100 g de copos de avena • 250 g de uvas pasas • 75 g de piñones • ½ cucharadita de canela

En un bol, batimos los huevos con los yogures, la miel o el sirope de agave y la esencia de vainilla. Reservamos.
En otro bol, echamos la harina integral, los copos de avena, las uvas pasas, los piñones y la canela. Mezclamos bien, hacemos un hoyo en el centro y vertemos la mezcla anterior, removiendo con una cuchara de madera hasta integrarlo todo.
Engrasamos un molde cuadrado de 20 × 20 aproximadamente con un poco de aceite de oliva y con ayuda de una toallita de papel y vertemos la mezcla aplastando bien con el reverso de la cuchara. Metemos al horno precalentado a 170° con calor arriba y abajo durante 30 minutos, hasta que la superficie esté dorada. Sacamos y dejamos enfriar y cortamos en cuadrados.

¿SABÍAS QUE... El yogur es un alimento muy nutritivo, que estimula nuestras defensas y evita las infecciones intestinales. Sus nutrientes son de fácil asimilación y es mejor tolerado y más digestivo que la leche. El yogur protege contra el cáncer, en especial contra el cáncer de mama.

BATIDOS SALUDABLES

Los batidos o smoothies de frutas y verduras se han puesto muy de moda en los últimos años. Se pueden tomar en el desayuno, a media mañana o media tarde. Son una buena opción, sobre todo para aquellos a los que os cueste consumir frutas o verduras.
Os enseño cuatro propuestas muy diferentes que están entre mis favoritas. El de frutos rojos y leche es buenísimo para la piel y el cabello. El tropical para llenarnos de vitaminas. El de plátano con almendras para cuando necesitamos un extra de energía. Y el batido verde es un excelente depurativo.
Os sugiero que el fin de semana preparéis una tortilla o unos huevos revueltos, o bien una buena rebanada de pan integral de cereales con tomate y jamón, elijáis vuestro batido preferido y os sentéis tranquilamente a disfrutar de un merecido desayuno.

BATIDO DE FRUTOS ROJOS CON LECHE

INGREDIENTES • 1 puñado de fresas, de frambuesas o de arándanos • 1 yogur natural desnatado • 1 y ½ envases de yogur de leche desnatada • ½ cucharadita de germen de trigo • ½ cucharadita de salvado de avena • 1 cucharadita de miel artesanal, melaza o sirope de agave • Unas gotas de esencia de vainilla

Echamos la fruta, el yogur, la leche, el germen de trigo, el salvado de avena, la miel y la esencia de vainilla en un robot de cocina o en el vaso de la batidora y trituramos muy bien hasta obtener una textura fina y homogénea. Incorporamos un poco más de leche si lo queremos más ligero.

Pasamos el batido a un vaso y servimos fresco.

Se pueden hacer otras versiones con distintas frutas como 1 plátano, ½ mango, ½ papaya, 1 melocotón, 1 manzana o 1 pera. En el caso del plátano y de la manzana podemos añadir además una pizca de canela.

BATIDO TROPICAL

INGREDIENTES • 1 plátano • ½ mango • El zumo de una naranja • PARA DECORAR: • Pulpa de maracuyá (opcional)

Exprimimos la naranja para obtener el zumo.

Echamos el plátano, el mango y el zumo de la naranja en un robot de cocina o en el vaso de la batidora y trituramos muy bien hasta obtener una textura fina y homogénea.

Incorporamos un poco de agua si lo preferimos más ligero.

Sacamos con una cuchara la pulpa del maracuyá, la echamos a la mezcla y removemos.

Pasamos el batido a un vaso y servimos fresco.

Se le puede añadir un trozo de piña, un kiwi o media papaya.

? SABÍAS QUE... La pulpa del maracuyá no se puede triturar porque amarga, por eso la añadimos al final y removemos. No obstante, el maracuyá no siempre es fácil de encontrar, así que si no lo tenéis no os preocupéis porque se puede prescindir de él.

BATIDO DE PLÁTANO CON ALMENDRAS

INGREDIENTES • 250 ml de agua • 1 cucharada de almendras molidas • 1 plátano • 1 cucharadita de miel artesanal, melaza o sirope de agave • 1 pizca de canela molida. **PARA DECORAR:** • Almendra en granillo o almendra laminada

Echamos el agua y las almendras molidas en un robot de cocina o en el vaso de la batidora y trituramos muy bien hasta obtener una leche de almendras.

Incorporamos el plátano, la cucharadita de miel o de sirope de agave y una pizca de canela, y trituramos de nuevo.

Tostamos en una sartén sin nada de materia grasa la almendra en granillo o laminada, hasta que esté ligeramente dorada.

Pasamos el batido a un vaso y servimos con la almendra tostada por encima.

GREEN SMOOTHIE

INGREDIENTES • 1 puñado de espinacas baby • ½ manzana • 1 trozo de piña • ½ pepino • El zumo de ½ limón • 1 cucharadita de miel, melaza o sirope de agave

Echamos las espinacas, la manzana pelada y troceada, un buen trozo de pulpa de piña, el pepino y el zumo de limón, en un robot de cocina o en el vaso de la batidora y trituramos muy bien hasta obtener una textura fina y homogénea.

Agregamos la cucharadita de miel o de sirope de agave y trituramos de nuevo.

Vertemos en un vaso y servimos fresco.

VARIANTE Se pueden hacer muchas variaciones sustituyendo o incorporando distintas frutas y verduras como pimiento verde, apio, berros, canónigos, kiwi, pera…

COMIDAS Y CENAS EQUILIBRADAS

He reunido en esta parte del libro un montón de recetas para preparar comidas y cenas saludables, con ideas y variantes para daros muchas opciones. Incluyo además en cada receta sugerencias para completar la comida y que no falte ningún nutriente esencial.

Espero que os sirvan como guía para llevar una alimentación sana. Disfrutaréis comiendo y os sentiréis de maravilla, y una vez cogido el hábito, os será muy fácil elaborar vuestros propios menús. Recordad que solo se necesitan 21 días… ¡Vamos al lío!

ESPAGUETIS INTEGRALES CON CREMA DE QUESO Y CHAMPIÑONES

Mi marido y yo, en nuestras primeras citas (ya llovió, y qué antiguo me ha quedado eso de las citas…, ja, ja), íbamos mucho a un restaurante italiano porque nos encantaban los espaguetis a la panna que allí hacían. Esta podría ser mi versión ligera de aquellos espaguetis, sustituyendo la nata por queso sin grasa. El resultado es un plato de pasta muy completo y saludable.

INGREDIENTES

- 150 g de espaguetis integrales
- 150 g de champiñones laminados
- 2 dientes de ajo
- 80 g de jamón ahumado o jamón serrano
- 2 huevos
- 2 cucharadas de queso batido o de untar 0 % de materia grasa
- 1 cucharada de queso parmesano en polvo
- 1 cucharada de aceite de oliva virgen
- Perejil fresco
- Sal y pimienta negra

Ponemos una sartén grande al fuego con el aceite, y cuando esté bien caliente freímos los ajos picados muy finos. En cuanto tomen color, incorporamos el jamón cortado en dados pequeños y los champiñones laminados y cocinamos durante 15 minutos hasta que se haya evaporado toda el agua y los champiñones estén dorados.

Mientras, en una olla con abundante agua hirviendo con un poco de sal, echamos los espaguetis y los cocemos hasta que estén al dente, según las instrucciones del paquete, removiendo de vez en cuando.

Cuando estén en su punto, escurrimos el agua de cocción dejando un poco. Agregamos los champiñones y el jamón, y removemos para mezclarlo todo. Dejamos la olla sobre el fuego ya apagado para mantenerla caliente.

En un bol, batimos los huevos con el queso 0 %, el queso parmesano en polvo y un poco de sal y pimienta negra, y lo añadimos en la olla de los espaguetis. Removemos muy bien, para que la mezcla se cuaje con el calor.

Vertemos todo en una fuente, espolvoreamos con perejil fresco picado y servimos.

PARA COMER Servid acompañado de una buena ensalada variada para aumentar la cantidad de fibra y vitaminas.

SABÍAS QUE... Los espaguetis y el resto de pastas finas, como los tallarines o los fideos, tienen menor índice glucémico que otras pastas como los macarrones, hélices o pajaritas. Además conseguiremos mantener un índice glucémico más adecuando si los cocemos el tiempo justo, porque al aumentar el tiempo de cocción el IG se eleva.

VARIANTE Podéis sustituir los champiñones por unas puntas de espárragos trigueros. También podéis echar un chorro de vino blanco a la sartén cuando hagáis los champiñones, que le da un aroma muy rico.

BERENJENAS RELLENAS DE ATÚN

¡Mis famosas berenjenas! Desde que las publiqué en mi blog sois muchos los que las habéis hecho. Gracias por tantos comentarios y tantas fotos que habéis compartido conmigo en las redes sociales. ¡Estoy feliz de que os gusten tanto! Y es que siendo tan sanas no pueden estar más ricas. Ahora las incluyo en este libro. Siendo de cocina saludable ¡no podían faltar!

INGREDIENTES

- 2 berenjenas
- 1 cebolla
- 1 pimiento rojo
- 2 dientes de ajo
- 2 latas de atún al natural
- 1 cucharada de mozzarella rallada o cualquier queso rallado bajo en grasa
- 2 cucharadas de aceite de oliva virgen
- ½ cucharadita de comino molido
- Sal y pimienta negra

Lavamos las berenjenas y con un cuchillo pinchamos varias veces la piel. Las metemos al horno precalentado a 180° con calor arriba y abajo durante 40 minutos. Una vez asadas, las sacamos y dejamos entibiar. Las cortamos por la mitad a lo largo, sacamos la pulpa con ayuda de una cuchara y con cuidado de no romper la piel, y reservamos las pieles enteras.

En una sartén con el aceite de oliva caliente, sofreímos la cebolla, el pimiento rojo y el ajo, picado todo muy fino. Cuando las verduras estén tiernas, agregamos la pulpa de berenjena y el atún y mezclamos. Salpimentamos y añadimos un poco de comino molido a nuestro gusto.

Rellenamos la piel de las berenjenas con el sofrito, espolvoreamos el queso rallado por encima y metemos al horno precalentado a 250° con el grill para gratinarlas. Cuando el queso esté ligeramente dorado, sacamos y servimos.

PARA COMER Para completar la comida, podéis servir en primer lugar una crema de verduras o una ensalada variada. Acompañad las berenjenas con un poco de arroz integral o con un trozo de un buen pan integral de cereales.

PARA CENAR Son por sí solas un excelente plato para servir como cena acompañadas de una rebanada de pan integral.

SUGERENCIA Si preferís no encender el horno, podéis asar las berenjenas en el microondas dentro de un recipiente con tapa o envueltas en un trozo de papel de cocina. Ponedlas 8 minutos aproximadamente, a máxima potencia. Al acabar, dejadlas reposar dentro durante 5 minutos.

@ EN LA WEB Para esas comidas de lujo que nos damos de vez en cuando, buscad en www.isasaweis.com las berenjenas fritas con miel de caña. ¡Qué delicia! Las descubrí en un viaje a Andalucía, aprendí la receta, y a mi vuelta grabé el vídeo y las compartí en mi blog. ¡Nos chiflan!

ARROZ DE OTOÑO
CON TIRAS DE TORTILLA

A mi marido y a mis hijos les encanta el arroz, así que como en casa lo comemos a menudo, lo preparamos de muchas maneras. Este arroz salteado, lleno de sabores otoñales, constituye por sí solo un completo y reconfortante almuerzo. El arroz integral tiene mucho más aroma y sabor que el arroz refinado, y a los niños ¡les encanta!

INGREDIENTES

- 150 g de arroz integral
- 350 ml de caldo de pollo o de verduras
- ½ cebolla
- 250 g de calabaza
- 250 g de champiñones
- 2 huevos
- 1 puñado de avellanas
- 1 cucharada de aceite de oliva virgen
- Cebollino
- Sal y pimienta negra

Ponemos en una olla al fuego el arroz junto con el caldo, tapamos y dejamos que comience a hervir. Cuando lo haga, bajamos el fuego y cocinamos a fuego bajo durante 30 minutos, hasta que el caldo se haya absorbido y el arroz esté en su punto.

Mientras se hace el arroz, calentamos en una sartén grande el aceite y sofreímos la cebolla picada hasta que esté tierna. Agregamos la calabaza cortada en dados pequeños y los champiñones laminados y cocinamos a fuego fuerte durante 10 minutos hasta que la calabaza coja color. Bajamos el fuego y cocinamos durante 10 minutos más hasta que la calabaza esté tierna. Salpimentamos a nuestro gusto.

En un bol batimos los huevos con un poco de cebollino picado, sal y pimienta, y los vertemos en una sartén que tendremos engrasada con aceite de oliva al fuego. Dejamos cuajar y enrollamos para hacer una tortilla francesa. La sacamos a una tabla y cortamos en tiras de ½ cm de grosor. Echamos las tiras de tortilla en la sartén de la calabaza y los champiñones.

Escurrimos el arroz y lo incorporamos también a la sartén. Mezclamos todo suavemente, espolvoreamos por encima las avellanas troceadas y servimos.

PARA COMER Servid el arroz acompañado de una ensalada de hojas verdes aliñada con aceite de oliva y vinagre balsámico.

SABÍAS QUE... El arroz integral es más rico en vitaminas y minerales que el blanco. Posee por ejemplo un contenido notable de vitaminas B1 y E, siendo en el arroz blanco muy escaso. Tiene además un IG más bajo, más fibra y resulta más saciante. Tarda un poco más de tiempo en cocinarse y la proporción que se suele utilizar es de tres partes de agua por una de arroz.

VARIANTE Podéis sustituir las tiras de tortilla por tiras de pechuga de pollo a la plancha.

EN LA WEB En www.isasaweis.com tenéis un arroz integral con verduritas y un arroz mil delicias hecho con arroz basmati que ¡no os podéis perder!

POLLO GUISADO DE MAMÁ

Los guisos tradicionales también pueden ser muy saludables. Mi madre me enseñó a hacer esta receta hace muchos años. Fue de las primeras que formaron parte de mi recetario cuando me independicé y sigo haciéndola muchos años después porque está realmente buena. Lleva poco trabajo, y para lo sencillo que es, de verdad que no podría estar más rico. De mi abuela a mi madre, de ella a mí, y ahora a todos vosotros. Disfrutadlo con vuestras familias.

INGREDIENTES

- 1 pollo
- 1 cebolla
- 3 dientes de ajo
- 125 ml de vino blanco
- 125 ml de agua
- Aceite de oliva virgen
- Un manojo de perejil fresco
- Sal

Pedimos en la carnicería que nos troceen un pollo entero como para hacer al ajillo.

Limpiamos los trozos de pollo, retirando toda la grasa visible y los salamos ligeramente.

En una sartén con aceite de oliva, freímos los trozos de pollo, dándoles la vuelta para que se vayan haciendo por todos los lados. A medida que vayan estando bien dorados, los sacamos y los vamos echando en la olla exprés.

En la misma sartén, retirando la mayoría del aceite porque solo necesitamos un par de cucharadas, freímos la cebolla picada muy fina.

Mientras se pocha, hacemos un majado en un mortero con los dientes de ajo, el perejil y un poco de sal. Agregamos el vino blanco y removemos.

Cuando la cebolla esté dorada, vertemos en la sartén el majado, removemos y echamos todo en la olla exprés sobre el pollo. Agregamos el agua y mezclamos. Cerramos y cocinamos durante unos 25 minutos, en función de la olla.

PARA COMER Para completar la comida, y ya que estamos hablando de recetas tradicionales, preparad una rica crema de patata en invierno o un salmorejo en verano como primer plato (tenéis ambas recetas en www.isasaweis.com), y unas verduras salteadas o una ensalada para servir con el pollo.

PARA CENAR Por la noche, una crema caliente pero más ligera. De calabaza, calabacín o champiñones, que incorporan la fibra y las vitaminas necesarias para completar la comida. Acompañad con una rebanada de pan integral de cereales.

IDEA Cocinad un pollo grande de modo que sobre. Al día siguiente haced un sofrito de pimientos y zanahoria, agregad el pollo, un puñado de guisantes, un vaso de arroz y dos vasos de agua, y coced hasta que se evapore el agua y el arroz esté en su punto. Tendréis un riquísimo y completo plato de arroz con pollo.

SUGERENCIA Si preferís, podéis guisar el pollo en una cazuela tradicional. En este caso, cocinadlo durante 1 hora y 30 minutos o hasta que la carne esté tierna.

GUISANTES CON JAMÓN Y HUEVOS

En nuestra casa los guisantes tienen a sus mejores fans, ¡nos encantan! Aunque la verdad es que, ¿qué no gusta en esta casa de zampones? Ja, ja. En el congelador siempre tenemos una bolsa de guisantes, y en cuanto se acaba la reponemos.

Esta es la receta que más hacemos, porque es tan sencilla y rica que nos apetecen siempre así. La hacemos en dos versiones, a veces simplemente guisantes con refrito de jamón, y otras así, con huevos, porque resulta un plato único perfecto.

INGREDIENTES

- 1 cebolla
- 1 diente de ajo
- 400 g de guisantes congelados
- 100 g de tacos de jamón serrano
- 4 huevos
- Una hoja de laurel
- 2 cucharadas de aceite de oliva virgen
- 1 cucharada de pimentón dulce
- Sal

Ponemos una olla al fuego con abundante agua, un poco de sal y la hoja de laurel, y esperamos a que comience a hervir. Agregamos los guisantes congelados, y una vez recuperado el hervor, cocemos durante unos 20 minutos hasta que los guisantes estén tiernos.

Los pasamos a una cazuela junto un poco del caldo de cocción, según nos gusten de caldosos.

Mientras, ponemos en una sartén un poco de aceite de oliva, y cuando esté caliente sofreímos la cebolla y el ajo picados muy finos, hasta que estén tiernos.

Agregamos los tacos de jamón serrano y rehogamos durante un par de minutos. Añadimos el pimentón dulce, removemos rápido, retiramos del fuego y vertemos el contenido de la sartén en la cazuela con los guisantes. Probamos para rectificar de sal si fuera necesario y dejamos hervir todo junto durante 5 minutos.

Con una cuchara, hacemos cuatro huecos entre los guisantes, y vertemos en cada uno un huevo. Tapamos la cazuela y dejamos cocer durante 2 o 3 minutos hasta que se cuajen.

Servimos caliente.

PARA COMER Servid con un buen trozo de pan de centeno o pan integral de cereales para una comida completa. Otra idea estupenda es agregar a la olla una patata grande troceada a la vez que los guisantes.

PARA CENAR Los guisantes con jamón y huevos son un plato muy completo perfecto para una cena.

VARIANTE Como os decía, si lo preferís, podéis hacer la misma receta sin añadir los huevos.

También se puede hacer con los huevos revueltos. Incorporadlos del mismo modo al final, rompedlos con un tenedor y dejad que se vayan cuajando removiendo suavemente.

SABÍAS QUE... Los guisantes son un gran alimento que cuida de nuestro de corazón. Son ricos en vitaminas del grupo B y muy ricos en vitamina C, que es un gran antioxidante. Además son muy buena fuente de hierro, cinc y folatos, y contienen mucha fibra.

ENSALADA DE POLLO MARINADO

¡Las ensaladas son todo un mundo de posibilidades! Las de lechuga, tomate y cebolla son ideales como acompañamiento, pero podemos hacer de ellas estupendos platos únicos muy completos. Esta de pollo marinado, con la mozzarella fresca, la manzana y los cacahuetes, resulta refrescante y deliciosa.

INGREDIENTES

- 2 pechugas de pollo
- 1 manzana
- 1 bola de mozzarella fresca
- 2 tomates
- 1 chorro de zumo de limón
- 2 cucharadas de cacahuetes tostados
- Mezcla de rúcula y canónigos
- 1 cucharada de aceite de oliva virgen

PARA EL MARINADO

- 3 cucharadas de salsa de soja
- 1 cucharada de miel o melaza
- 1 cucharadita de tomillo

PARA LA VINAGRETA

- 2 cucharadas de aceite de oliva virgen extra
- 1 cucharada de vinagre de manzana
- 2 cucharadas de agua
- 1 cucharadita de mostaza
- Orégano
- Sal y pimienta negra

Lavamos las pechugas de pollo y retiramos la grasa visible.

Mezclamos en un recipiente todos los ingredientes del marinado, introducimos las pechugas de pollo y removemos para que se impregnen bien. Tapamos y reservamos en la nevera, a ser posible durante un par de horas.

Cortamos la manzana en dados y la ponemos en un cuenco. Rociamos con un chorro de zumo de limón, removemos y reservamos.

Calentamos una cucharada de aceite en una sartén y cuando esté bien caliente, sacamos las pechugas de pollo del marinado y las sellamos durante un par de minutos por cada lado. Cortamos en tiras y reservamos.

Disponemos en una fuente la rúcula y los canónigos, la mozzarella desmenuzada, los tomates troceados, los dados de manzana y las tiras de pollo.

Batimos en un cuenco todos los ingredientes de la vinagreta y regamos con ella la ensalada. Espolvoreamos por encima los cacahuetes picados y servimos.

PARA COMER Servid con unas patatas nuevas al horno, aliñadas con un poco de aceite de oliva y orégano. Otra opción es acompañar de un cuenco de cuscús integral.

PARA CENAR Esta es una buena ensalada para cenar. No obstante, se puede aumentar la cantidad de rúcula y canónigos o añadir unos encurtidos, como pepinillos o cebolletas. Acompañad con una rebanada de pan integral de cereales.

! IDEA Una forma muy fácil de emulsionar las vinagretas es echar en un frasco todos los ingredientes, tapar y agitar enérgicamente hasta integrarlo bien.

@ EN LA WEB No puedo hablar de ensaladas sin recomendar mi «ensalada de tomate y queso de cabra con aliño especial». Buscadla en www.isasaweis.com ahora mismo y anotadla para la próxima comida. ¡Es exquisita!

ARROZ THAI

¡Otro arroz riquísimo lleno de aromas! Si conocéis la cocina tailandesa, sabréis que una de sus características es que en sus platos aparecen los cinco sabores fundamentales: dulce, picante, agrio, amargo y salado. Es una comida muy aromática, llena de olores y colores, y personalmente la encuentro deliciosa. Este arroz thai, es prueba de ello. Aunque no estéis habituados a estos sabores o a alguno de sus ingredientes, os animo a que les deis una oportunidad. ¡Os sorprenderá!

INGREDIENTES

- 150 g de arroz basmati
- 100 g de guisantes congelados
- ½ cebolla
- 250 g de gambas crudas peladas
- 1 cucharada de aceite de oliva virgen suave
- Sal

PARA SERVIR

- La ralladura de ½ limón
- 1 cucharada de anacardos tostados

PARA EL MAJADO

- 1 diente de ajo
- 2 cucharaditas de coco rallado
- ¼ de cucharadita de canela molida
- 2 vainas de cardamomo (solo las semillas)
- 1 trozo de 2 cm de jengibre fresco rallado
- 6 anacardos tostados

Lavamos bien el arroz bajo el chorro de agua fría, escurrimos y reservamos.

Ponemos una olla al fuego con abundante agua y un poco de sal, y cuando comience a hervir agregamos el arroz basmati y los guisantes. Cuando recupere el hervor, bajamos el fuego, removemos y cocemos durante 12 minutos hasta que el arroz esté en su punto. Escurrimos y reservamos.

En un mortero machacamos todos los ingredientes del majado hasta obtener una pasta. Reservamos.

En una sartén grande o un wok con el aceite de oliva bien caliente, sofreímos la cebolla picada muy fina. Cuando esté dorada agregamos el majado y rehogamos removiendo durante 3 minutos para que se suelten los aromas. Añadimos las gambas, y continuamos removiendo durante 3 minutos más, hasta que cambien de color.

Incorporamos el arroz y los guisantes escurridos, salteamos todo durante un par de minutos y vertemos en una fuente. Espolvoreamos por encima la ralladura de limón y los anacardos picados y servimos.

PARA COMER Preparad una rica ensalada mixta para acompañar y completar el aporte de fibra y vitaminas.

¿ SABÍAS QUE... El cardamomo es una especia que encontramos en forma de vaina seca de color verde claro, y que está rellena de unas bolitas negras. Es muy utilizado en otras cocinas, como en los platos de la India para la elaboración de currys, arroces, panes y dulces. Tiene un aroma muy característico que confiere a los platos un sabor muy especial. Buscadlo en herbolarios y tiendas gourmet.

@ EN LA WEB Una receta en la que utilizo cardamomo es la de los dónuts. Síííí, ¡dónuts caseros! Ja, ja. Tenéis la receta en mi web www.isasaweis.com.

POLLO CON ALMENDRAS

¿Os gusta el pollo con almendras? A mí me encanta, pero es que yo soy «la tonta de las almendras»… Ja, ja. ¡Me encantan! Enteras, laminadas, molidas, fritas, tostadas, crudas, con piel o sin ella, solas o para enriquecer platos dulces y salados… ¡Me parecen un ingrediente maravilloso! Os presento mi receta saludable de pollo con almendras, sin harinas y con mucha menos grasa del que sirven en los restaurantes. ¡Está buenísimo!

INGREDIENTES

- 4 contramuslos de pollo deshuesados sin piel
- 4 cucharadas de salsa de soja
- 20 almendras crudas
- 1 cebolla pequeña
- 2 zanahorias
- 1 pimiento verde
- 1 cucharada de almendra molida
- 250 ml de caldo de pollo bajo en sal
- 2 cucharadas de aceite de oliva virgen suave
- ½ cucharadita de jengibre en polvo

Lavamos la carne de pollo y retiramos toda la grasa visible. La cortamos en trozos de bocado y los echamos en un recipiente con la salsa de soja. Mezclamos, tapamos y reservamos en la nevera.

Mientras, echamos en una sartén el aceite de oliva y freímos las almendras crudas hasta que se doren ligeramente. Las sacamos sobre papel absorbente y reservamos.

Cortamos la cebolla, las zanahorias y el pimiento verde, en trozos no demasiado pequeños, y los rehogamos en la misma sartén con el aceite de freír las almendras.

Cuando las verduras estén tiernas, agregamos los trozos de pollo con la salsa de soja donde estaban marinando, las almendras fritas, el jengibre en polvo y la almendra molida, y mezclamos todo. Regamos con el caldo de pollo, removemos y dejamos hervir a fuego lento durante 15 minutos.

PARA COMER Servid con arroz basmati como guarnición y ensalada variada para acompañar.

PARA CENAR Servid acompañado de unos pimientos guisados o asados (tenéis ambas recetas en www.isasaweis.com) y acompañad con una rebanada de pan integral de cereales.

VARIANTE Si preferís, podéis utilizar pechuga de pollo, pero en general para los guisos y salteados de pollo, os recomiendo utilizar la carne de los contramuslos libre de grasa y piel. Esto lo aprendí de una cocinera japonesa, y realmente queda mucho más tierna y jugosa.

@ **EN LA WEB** Cuando queráis luciros con un plato o disfrutar de una comida especial, buscad en mi web el delicioso «pollo teriyaki» que me enseñó a preparar esta mujer. ¡Está espectacular!

LENTEJAS AL LIMÓN CON COMINO

¡Qué reconfortante es un plato de lentejas bien caliente! Esta receta no es muy común, con el toque de limón y comino. Habitualmente las hago con un refrito de cebolla y pimentón, pero el comino no falta nunca. Es una especia que no suele gustar la primera vez que se prueba. Creo recordar que a mí en su día tampoco me gustó, pero poco a poco te va conquistando. Ahora lo utilizo mucho, especialmente con las legumbres. Y es que tanto a las lentejas, como a los garbanzos y a las alubias, les va de maravilla.

INGREDIENTES

- 250 g de lentejas
- 2 dientes de ajo
- 1 cebolla pequeña
- 1 y ½ litros de caldo de pollo
- El zumo de ½ limón
- 4 rodajas finas de limón
- ½ cucharadita de semillas de comino
- 2 cucharadas de aceite de oliva
- 1 hoja de laurel
- Sal y pimienta negra

La noche anterior, ponemos las lentejas a remojo en un bol con agua que las cubra.

Al día siguiente, calentamos el aceite de oliva en una cazuela. Cuando esté bien caliente, echamos el ajo y la cebolla picado todo muy fino, y sofreímos a fuego medio removiendo hasta que estén dorados.

Echamos las lentejas escurridas y rehogamos, sin dejar de remover, durante un minuto.

Agregamos el caldo de pollo y la hoja de laurel, y cuando comience a hervir, bajamos el fuego y cocinamos a fuego lento durante 40 minutos o hasta que las lentejas estén tiernas.

Echamos en un mortero las semillas de comino y las machacamos.

Ponemos una sartén al fuego y cuando esté caliente, tostamos el comino sin nada de materia grasa, hasta que desprenda su aroma. Lo vertemos en la cazuela de las lentejas, agregamos el zumo y las rodajas de limón, removemos y rectificamos de sal a nuestro gusto. Dejamos cocer durante 5 minutos y servimos espolvoreado con un poco de pimienta negra recién molida.

PARA COMER Servid con arroz integral, ideal para obtener proteínas completas de la combinación de legumbres y cereales. Unos espárragos trigueros o unas rodajas de calabacín a la plancha completarán el aporte de vitaminas.

PARA CENAR Acompañad de una rebanada de pan integral. Podéis agregar alguna verdura u hortaliza como zanahoria para aumentar la cantidad de fibra y vitaminas.

IDEA Cuando sobran lentejas, aprovecho para convertirlas en crema de lentejas, que nos gusta tanto o más. Simplemente hago un refrito de ajo y pimentón, lo agrego a las lentejas junto con un poco de leche y trituro muy bien hasta obtener una crema lo más fina posible. Está muy rica servida caliente o tibia.

SABÍAS QUE... El comino es una especia ideal para las legumbres, pero no solo por la combinación de sabores, también porque el comino favorece la digestión y ayuda a eliminar los gases.

SOPA AROMÁTICA DE MEJILLONES Y LANGOSTINOS

¡Pocos platos sientan tan bien como una sopa! Si además de verduras llevan alguna proteína, y acompañamos de un buen trozo de pan, se convierten por sí solas en un plato muy completo y nutritivo. Esta sopa, además de aromática y muy sabrosa, es especialmente rica en proteínas.

INGREDIENTES

- 1 kg de mejillones
- 1 diente de ajo
- ½ cebolla
- 1 rama de perejil fresco
- 1 hoja de laurel
- 50 ml de vino blanco
- 250 ml de leche desnatada
- 500 ml de caldo de pollo
- 150 g de gambas
- 200 g de langostinos
- La ralladura de 1 limón
- Pimienta negra

PARA DECORAR

- Eneldo fresco
- Ralladura de limón

Limpiamos los mejillones, lavándolos, retirando las barbas y desechando los que estén rotos.

Ponemos los mejillones en una cazuela grande junto con el diente de ajo sin pelar, la media cebolla, la rama de perejil, la hoja de laurel y el vino blanco, tapamos y llevamos al fuego durante 6 o 7 minutos, hasta que los mejillones se hayan abierto.

Una vez cocidos, sacamos los mejillones de la cazuela reservando el caldo de cocción.

Separamos los mejillones de sus conchas y los reservamos. Los que no se hayan abierto los desechamos.

Vertemos el líquido de cocción de los mejillones en una olla a través de un colador de tela o poniendo una gasa sobre un colador, para filtrarlo. Agregamos a la olla la leche y el caldo de pollo, y removemos. Añadimos las gambas peladas y enteras, los langostinos pelados y troceados, los mejillones, la mitad de la ralladura de limón y un poco de pimienta negra, y cocinamos a fuego bajo, removiendo suavemente durante 6 minutos sin dejar que llegue a hervir.

Servimos caliente, espolvoreando por encima un poco de eneldo fresco picado y el resto de la ralladura de limón.

PARA COMER Servid con un buen trozo de pan de centeno o pan integral de cereales. Y por supuesto, repetid si os apetece.

PARA CENAR Esta nutritiva sopa es muy rica en proteínas, ideal para las cenas. Podéis completar el aporte de fibra y vitaminas agregando un puñado de guisantes o unas puntas de espárragos trigueros. Acompañad de una rebanada de pan integral.

! IDEA Podéis hacer el doble de cantidad, que os llevará casi el mismo trabajo, y congelar lo que no toméis en recipientes de ración. Así cualquier día sacáis un recipiente, descongeláis directamente en el microondas o en un cazo al fuego y tenéis la comida lista en 5 minutos. No todos los platos admiten bien el congelado, pero las sopas son de las que mejor lo hacen.

NOTA Ver la «Sugerencia» de la receta de brochetas de langostinos con salsa de coco (página 115) sobre eviscerar los langostinos.

@ EN LA WEB En www.isasaweis.com tenéis muchas recetas de sopas riquísimas como la sopa de pollo, puerro y maíz, la de patata y salmón ahumado, o la de calabaza con gambas. ¡Hacedlas todas!

ENSALADA DE ALUBIAS CON AGUACATE

Me encanta añadir legumbres a las ensaladas. Sobre todo las alubias y los garbanzos se integran de maravilla con otros ingredientes, y con ellos convertimos la ensalada en un plato único muy completo. Si lo acompañáis con un buen trozo de pan integral de cereales, ya tenéis el 10.

INGREDIENTES

- 1 bote de alubias blancas cocidas (400 g aproximadamente)
- ½ aguacate
- ½ cebolla roja
- 2 latas de atún al natural
- 150 g de tomates cherry
- 8 aceitunas verdes sin hueso
- 8 aceitunas negras sin hueso
- 2 cucharadas de piñones

PARA LA VINAGRETA

- 2 cucharadas de aceite de oliva virgen extra
- 1 cucharada de vinagre de vino
- 2 cucharadas de agua
- 1 diente de ajo
- 1 cucharadita de miel o melaza
- 1 cucharada de cebollino fresco picado
- Sal y pimienta negra

Enjuagamos y escurrimos bien las alubias y las echamos en un bol.

Pelamos y cortamos el aguacate en dados, los tomates cherry a la mitad y la cebolla en pluma fina, y lo añadimos todo al bol.

Agregamos también el atún desmigado y las aceitunas verdes y negras.

En una sartén antiadherente sin materia grasa, tostamos los piñones hasta que se doren ligeramente y los echamos a la ensalada.

Para hacer la vinagreta, majamos el diente de ajo en un mortero con una pizca de sal. Agregamos el resto de los ingredientes y mezclamos muy bien. Regamos la ensalada y envolvemos todo con cuidado. Servimos.

PARA COMER Servid con un trozo de un rico pan rústico de cereales para una comida completa.

PARA CENAR Podéis disminuir la cantidad de alubias y añadir unos canónigos o unos encurtidos. Acompañad de una rebanada de pan integral de cereales.

SUGERENCIA Las legumbres son muy nutritivas y con ellas podemos preparar fácilmente platos muy completos. La única pega que tienen es que hemos de acordarnos de ponerlas a remojo la noche anterior y después tardan en cocerse bastante tiempo. Yo las hago así muchas veces, pero para el día a día tengo en la despensa siempre frascos de lentejas, garbanzos y alubias. Solo necesitamos enjuagarlas bien y ya las tenemos listas para utilizar.

VARIANTE Podéis hacer la misma ensalada sustituyendo las alubias por garbanzos.

ROPA VIEJA

Hace un montón de años que hice este plato por primera vez y me sorprendió lo fácil que resultó y cómo quedó la carne de jugosa y llena de sabor. Esta es una forma muy sana de hacer una pieza de carne y además queda riquísima. Podéis utilizarla como plato único, sirviéndola con arroz o patatas.

INGREDIENTES

- 500 g de morcillo o de falda de ternera, en un trozo
- 1 cebolla
- 2 dientes de ajo
- 1 guindilla
- 200 g de tomate triturado
- 100 ml de vino blanco
- 1 lata de pimientos morrones
- 2 cucharadas de aceite de oliva virgen
- 1 cucharadita de pimentón dulce
- Sal

Limpiamos la carne de telillas y grasa, la lavamos bajo el chorro de agua del grifo y la ponemos en una olla. Cubrimos de agua, salamos y llevamos al fuego. Cuando empiece a hervir, retiramos la espuma que se forme en la superficie y dejamos cocer a fuego lento durante 1 hora y 30 minutos, o hasta que esté muy tierna.

Sacamos la carne de la olla, dejamos templar y reservamos el caldo. Una vez templada, la deshilachamos con las manos, retirando la grasa y las telillas que pudieran quedar, y reservamos.

En una cazuela con el aceite de oliva bien caliente, rehogamos la cebolla, los dientes de ajo y la guindilla, picado todo muy fino, durante 10 minutos. Añadimos el tomate triturado, un vaso del caldo de cocción de la carne y un poco de sal. Tapamos y dejamos cocer a fuego lento unos 20 minutos, removiendo de vez en cuando.

Agregamos el pimentón, la carne deshilachada y el vino blanco. Mezclamos bien y dejamos cocer durante 45 minutos a fuego lento. Si se consume todo el líquido, agregamos un poco más del caldo de cocción de la carne.

Por último, incorporamos los pimientos picados muy finos y cocinamos durante 20 minutos más.

PARA COMER Servid con arroz basmati y ensalada de hojas verdes. También combina muy bien con un puré casero de patatas nuevas en lugar del arroz.

PARA CENAR Para la cena servid con unos guisantes salteados o unas setas a la plancha. Acompañad de una rebanada de pan integral de cereales.

IDEA Podéis hacer esta carne para utilizar como relleno de una empanada.

También os dejo una idea para comer fuera de casa. Sobre una tortilla integral, colocáis un poco de lechuga picada, unas rodajas de tomate, un poco de cebolla morada o cebolleta cortada muy fina y un buen cucharón de la carne, dobláis para cerrarlo y tendréis una comida completa lista para llevar.

VARIANTE También podéis cocer la carne en la olla a presión durante 45 minutos.

TALLARINES CON LANGOSTINOS
Y SALSA DE TOMATE CASERA

En Italia la forma más habitual de consumir la pasta es con salsa de tomate, incluso muchas veces la sirven sola, sin nada más. En este caso añadimos una buena ración de proteína con los langostinos para conseguir un plato completo.

INGREDIENTES

- 150 g de tallarines
- 400 g de langostinos crudos
- 500 g de tomates pera
- 2 dientes de ajo
- 1 rama de tomillo fresco o ½ cucharadita de tomillo seco
- ½ cucharadita de azúcar moreno o azúcar integral de caña
- 2 cucharadas de aceite de oliva virgen
- Unas hojas de albahaca fresca
- Sal y pimienta negra

Para hacer la salsa de tomate ponemos una olla al fuego con abundante agua, y cuando comience a hervir echamos los tomates, a los que les habremos hecho una incisión en forma de cruz en la base, con ayuda de un cuchillo afilado. Los escaldamos durante 2 minutos, y con una espumadera los echamos en un bol que tendremos preparado con agua muy fría que los cubra. Los dejamos enfriar un poco, y los pelamos tirando de la piel suavemente. Los cortamos en dados y reservamos.

Ponemos una sartén grande al fuego con una cucharada de aceite, y cuando esté bien caliente freímos los ajos picados muy finos. En cuanto tomen color, incorporamos los tomates picados, el tomillo, el azúcar, sal y pimienta a nuestro gusto, y cocinamos durante 20 minutos a fuego lento, para que la salsa se reduzca.

En una olla con abundante agua hirviendo con un poco de sal, cocemos los tallarines hasta que estén al dente, según las instrucciones del paquete. Removemos de vez en cuando. Cuando estén en su punto los sacamos, los escurrimos y los incorporamos a la sartén con la salsa de tomate, removiendo para que se impregnen bien. Mantenemos caliente. Pelamos los langostinos retirando la cabeza y dejándoles la cola del final. Con un cuchillo, hacemos una incisión por el lomo de langostino a lo largo, y retiramos el hilo negro. En una sartén, calentamos la otra cucharada de aceite. Agregamos los langostinos y un poco de sal, y los salteamos a fuego fuerte durante 3 minutos hasta que cambien de color.

Vertemos los tallarines con la salsa de tomate en una fuente, echamos por encima los langostinos salteados, espolvoreamos un poco de pimienta negra recién molida y unas hojas de albahaca fresca y servimos.

PARA COMER Servid acompañado de una ensalada mixta para un buen aporte de fibra y vitaminas.

NOTA Ver la «Sugerencia» de la receta de brochetas de langostinos con salsa de coco (página 115) sobre eviscerar los langostinos.

SABÍAS QUE... Para que la pasta no se pegue entre sí, lo único que tenemos que hacer es removerla con una cuchara un par de veces durante la cocción, sobre todo en los primeros minutos. No es necesario añadir aceite. Es más, ni siquiera es recomendable porque se creará una capa que luego no permitirá que la pasta se impregne bien con la salsa.

Para hacer la salsa, escaldamos los tomates pasándolos después a un bol con agua muy fría porque esto ayuda a pelarlos con facilidad.

VARIANTE Podéis sustituir los langostinos por vieiras. Selladlas a la plancha y añadidlas al final al igual que se hace con los langostinos.

WOK DE FIDEOS DE HUEVO CON TORTILLA Y CACAHUETES

¡Qué fáciles de preparar y versátiles son los salteados! Cuando se utiliza el wok es recomendable tener todas las verduras cortadas y los ingredientes preparados antes de ponerse a cocinar, porque una vez comenzamos va todo muy rápido. Este wok de fideos al huevo con verduras y cacahuetes es un gran plato único.

INGREDIENTES

- 150 g de fideos de huevo
- 2 huevos
- 2 dientes de ajo
- 2 zanahorias
- ½ calabacín
- 1 cebolleta
- 1 pimiento rojo pequeño
- 1 pimiento verde pequeño
- 6 mazorquitas de maíz en conserva
- 4 cucharadas de salsa de soja
- 1 cucharadita de semillas de sésamo
- 2 cucharadas de cacahuetes troceados
- 2 cucharadas de aceite de oliva virgen suave
- 1 guindilla cayena
- Cebollino fresco
- Sal

En una sartén antiadherente sin nada de materia grasa, tostamos los cacahuetes troceados y las semillas de sésamo hasta que suelten su aroma y con cuidado de que no se quemen. Reservamos.

En un bol batimos los huevos con un poco de sal y los vertemos en una sartén que tendremos al fuego engrasada con un poco de aceite de oliva. Dejamos cuajar y enrollamos para hacer una tortilla francesa. La sacamos a una tabla y cortamos en tiras de ½ cm de grosor. Reservamos.

En una olla con abundante agua hirviendo con un poco de sal, cocemos los fideos hasta que estén al dente, según las instrucciones del paquete. Cuando estén en su punto, los sacamos, refrescamos bajo un chorro de agua fría, escurrimos y reservamos.

Picamos los ajos y la guindilla. Cortamos la cebolleta a pluma y las zanahorias y los pimientos en bastones. Cortamos por último el calabacín en medias lunas y las mazorquitas de maíz por la mitad a lo largo.

Ponemos al fuego el wok o una sartén grande y calentamos el aceite de oliva. Agregamos los ajos y la guindilla, y rehogamos hasta que tome un poco de color. Incorporamos la cebolleta, las zanahorias y los pimientos y salteamos durante 5 minutos.

Añadimos el calabacín y las mazorquitas y continuamos salteando durante 5 minutos más. Agregamos la salsa de soja y removemos. Incorporamos las tiras de tortilla y los fideos, y mezclamos todo.

Vertemos en una fuente, espolvoreamos con un poco de cebollino picado, los cacahuetes y las semillas de sésamo, y servimos en seguida.

PARA COMER Este plato constituye una comida completa. No obstante, si lo deseáis, podéis acompañar de un poco de ensalada fresca.

VARIANTE Podéis sustituir la tortilla por tiras de pollo. Agregadlo a la sartén una vez rehogado el ajo y la guindilla, y antes de incorporar todas las verduras. También se pueden utilizar dos cucharadas de granos de maíz dulce en lugar de las seis mazorquitas.

FIDEOS DE SOJA CON MEJILLONES EN SALSA DE TOMATE

Los fideos de soja se encuentran en tiendas de dietética y en la sección de comida internacional de los supermercados. Se trata de unos fideos muy finos de color blanco que al cocerse se vuelven transparentes. Son muy suaves, con un sabor muy neutro que va bien con todo. Se pueden hacer como un plato en sí mismo, servirlos como guarnición o añadirlos a una sopa. En esta receta los preparamos con mejillones en salsa de tomate.

INGREDIENTES

- 150 g de fideos de soja
- 500 g de mejillones
- 500 g de tomates pera
- 1 cebolla
- 2 dientes de ajo
- 1 hoja de laurel
- 1 cucharada de vinagre balsámico
- 2 cucharadas de aceite de oliva virgen
- 6 bolas de pimienta negra
- Perejil fresco
- Sal

Para hacer la salsa de tomate, ponemos una sartén grande al fuego con el aceite, y cuando esté bien caliente freímos la cebolla y uno de los dientes de ajo picados muy finos. En cuanto tomen color incorporamos los tomates troceados, el vinagre balsámico y un poco de sal, y cocinamos durante 20 minutos a fuego lento, para que la salsa se reduzca.

Limpiamos los mejillones, lavándolos, retirando las barbas y desechando los que estén rotos o abiertos.

Ponemos los mejillones en una cazuela grande junto con el otro diente de ajo sin pelar, la hoja de laurel y las bolas de pimienta negra. Tapamos y llevamos al fuego durante 5 o 6 minutos, hasta que los mejillones se hayan abierto.

Una vez cocidos, retiramos a cada mejillón la concha de arriba, desechando los que no se hayan abierto y los vertemos en la sartén con la salsa de tomate. Mezclamos y conservamos caliente.

Ponemos una olla al fuego con abundante agua. Cuando comience a hervir, apartamos del fuego, echamos los fideos de soja, tapamos y dejamos reposar durante 3 minutos. Los escurrimos bien y los distribuimos en dos cuencos.

Vertemos sobre cada cuenco unas cucharadas de salsa de tomate bien caliente y colocamos encima los mejillones. Servimos con un poco de perejil fresco picado por encima.

PARA COMER Preparad una ensalada variada para completar la comida con un buen aporte de vitaminas y fibra. Acompañad de una rebanada de pan integral de cereales.

PARA CENAR Haced menos cantidad de fideos de soja y servid con alguna verdura a la plancha, como calabacín o espárragos trigueros.

SABÍAS QUE... Los mejillones son ricos en vitaminas de grupo B y una gran fuente de minerales. Cabe destacar su gran aporte de yodo, fundamental para el buen funcionamiento del metabolismo, y de hierro, que es mayor que el de las carnes rojas.

ENSALADA DE QUINOA CON AGUACATE Y ANACARDOS

La quinoa es un pseudocereal que podemos encontrar en tiendas de dietética y en la sección de comida internacional de los supermercados. Su sabor es suave, recuerda a los frutos secos, y se puede consumir en platos calientes o en forma de ensalada, como esta tan nutritiva con aguacate y anacardos.

INGREDIENTES

- 125 g de quinoa
- 250 ml de caldo de pollo
- 2 huevos
- 1 aguacate
- 12 tomates cherry
- 12 aceitunas negras sin hueso
- 2 cucharadas de anacardos crudos
- Aceite de oliva virgen
- Zumo de limón
- Perejil fresco
- Pimienta negra

Lavamos muy bien la quinoa, poniéndola en un colador bajo el chorro de agua del grifo y frotándola entre las manos durante un minuto. Escurrimos y la ponemos en un cazo al fuego junto al caldo de pollo. Cocinamos durante 20 minutos hasta que esté en su punto. Apartamos del fuego y dejamos entibiar.

En una sartén antiadherente sin nada de materia grasa tostamos los anacardos hasta que estén ligeramente dorados y suelten su aroma. Reservamos.

Ponemos los huevos en un cazo al fuego con agua que los cubra y cocemos durante 10 minutos. Sacamos, pelamos y cortamos en cuñas.

Pelamos el aguacate y lo cortamos en rebanadas. Rociamos con un poco de zumo de limón para que no se oscurezca y reservamos.

Cortamos los tomates cherry y las aceitunas negras a la mitad.

En una ensaladera echamos la quinoa, los tomates, las aceitunas, el aguacate y el huevo cocido y removemos con cuidado, con movimientos de abajo hacia arriba.

Regamos con un hilo fino de aceite de oliva virgen. Espolvoreamos un poco de pimienta negra recién molida, los anacardos tostados y unas hojas de perejil fresco picado y servimos.

PARA COMER Servid antes una crema caliente que aporte fibra y vitaminas, por ejemplo de champiñones o de calabaza.

SABÍAS QUE... La quinoa es un pseudocereal originario de los Andes. Se encuentra entre los llamados «superalimentos» debido a la cantidad de propiedades que tiene: es uno de los cereales más ricos en omega 3 y proteínas, y de los pocos que posee todos los aminoácidos esenciales. Es rica en vitaminas y minerales, posee un índice glucémico bajo y mucha fibra, y no contiene gluten, por lo que la pueden consumir las personas celiacas.

SUGERENCIA Lavamos la quinoa antes de consumirla frotándola suavemente entre las manos para eliminar la capa de saponinas que la recubre, que puede ser tóxica y además tiene un sabor amargo. No obstante, la quinoa que se comercializa ya viene lavada y apta para consumo.

EN LA WEB La primera receta de quinoa que incorporé a mi recetario hace muchos años ya fue una «quinoa con tomates y setas» está muy rica. Hace tiempo que la compartí con vosotros ya en mi blog, www.isasaweis.com.

CREMA DE GARBANZOS CON CRUTONES

Recuerdo cuando estudiaba en la universidad un día en que mi marido, entonces novio, vino a verme y comimos en la escuela de marina que estaba al lado de la mía. En el menú había crema de verduras, y cuando la probamos ¡estaba especialmente rica! Le pregunté por ella a la cocinera y me dijo que ese sabor tan bueno era porque llevaba garbanzos. Tomé buena nota y desde entonces nunca me olvido de hacer de vez en cuando crema de garbanzos. ¡Está buenísima!

INGREDIENTES

- 1 bote de garbanzos cocidos (400 g aproximadamente)
- 1 cebolla
- 1 diente de ajo
- ½ cucharadita de orégano seco
- 1 litro de caldo de pollo
- 1 rebanada gruesa de pan integral multisemillas (página 168)
- 2 cucharadas de aceite de oliva virgen
- 2 cucharadas de zumo de limón
- Pimienta negra

Ponemos una cazuela al fuego, echamos el aceite y cuando esté bien caliente, salteamos a fuego vivo la cebolla y el ajo picado hasta que estén dorados.

Agregamos el orégano, los garbanzos enjuagados y escurridos, el caldo de pollo, y dejamos que comience a hervir. Bajamos el fuego, y cocemos durante 20 minutos.

Retiramos del fuego y trituramos con la batidora hasta obtener una crema suave.

Agregamos el zumo de limón y removemos. Mantenemos caliente.

Hacemos los crutones de pan multisemillas, cortando la rebanada en dados pequeños y tostándolos en una sartén sin nada de materia grasa o en el horno a 220° hasta que estén dorados.

Servimos la crema de garbanzos en cuencos, regamos con un hilo muy fino de aceite de oliva virgen, echamos los crutones de pan y espolvoreamos por encima un poco de pimienta negra recién molida.

PARA COMER Servid de segundo un pescado blanco de fácil digestión como un filete de lenguado o un lomo de merluza acompañado de un poco de ensalada.

PARA CENAR Es una cena perfecta por sí sola, no obstante, podéis acompañarla con algo ligero como unos tomates a la plancha condimentados con orégano y aceite de oliva.

@ EN LA WEB En www.isasaweis.com tenéis la deliciosa receta de garbanzos estofados de mi tía. Es un plato muy saludable, bajo en grasa y rico en nutrientes, que seguro entrará a formar parte de vuestro recetario habitual.

LENTEJAS AL CURRY CON MANZANA

Hace tiempo compartí la receta tradicional de lentejas que hacemos habitualmente en mi casa. Esta receta es diferente. Echar manzana y curry a las lentejas puede resultar curioso, pero el resultado es muy rico. ¡Hay que animarse a probar cosas nuevas!

INGREDIENTES

- 500 g de lentejas
- 2 cebollas
- 2 clavos de olor
- 1 diente de ajo
- 1 hoja de laurel
- 1 manzana golden
- 2 cucharadas de aceite de oliva virgen
- ½ cucharadita de tomillo
- 1 cucharada de curry
- Sal

Escurrimos las lentejas, que llevarán en remojo en agua fría desde el día anterior, y las echamos en una olla.

Pelamos una cebolla, pinchamos en ella los clavos de olor y la metemos en la olla junto con el diente de ajo, la hoja de laurel y un poco de sal. Cubrimos con agua y cocemos durante 40 minutos o hasta que las lentejas estén tiernas.

En una sartén calentamos el aceite de oliva y freímos la otra cebolla picada muy fina con un poco de sal hasta que comience a dorarse. Agregamos la manzana pelada y cortada en dados, y pochamos hasta que se ablande un poco. Incorporamos el tomillo y el curry y rehogamos durante un minuto.

Echamos la cebolla con manzana en la olla con las lentejas, removemos y dejamos al fuego durante 5 minutos. Servimos bien caliente.

PARA COMER Servid con un trozo de un rico pan rústico de cereales para una comida completa.

PARA CENAR Podéis disminuir la cantidad de lentejas y completar la cena con unas rodajas de calabacín a la plancha.

SUGERENCIA Si lo preferís, podéis hacerlas en la olla exprés durante 15 minutos.

EN LA WEB En www.isasaweis.com tenéis la receta tradicional de lentejas estofadas que hago siempre en casa, heredada de mi madre. Con pimentón, laurel y comino, son muy sanas y están riquísimas.

POLLO ESPECIADO CON CUSCÚS ÁRABE

Este fue uno de los primeros platos que preparamos mi marido y yo en nuestro primer piso de novios. ¡Recuerdo perfectamente aquel día! Qué cosas, a veces se nos quedan grabados los sabores, los olores, los momentos... Desde entonces lo hemos cocinado muchas veces porque nos encanta. La pechuga de pollo marinada con esta mezcla de especias queda muy sabrosa, y el cuscús árabe nos parece un acompañamiento ideal.

INGREDIENTES

- 2 pechugas de pollo

PARA EL MARINADO

- 2 cucharadas de aceite de oliva virgen
- El zumo de ½ limón
- 1 diente de ajo machacado
- ¼ de cucharadita de pimentón dulce
- ¼ de cucharadita de pimentón picante
- ½ cucharadita de comino
- ½ cucharadita de curry
- 2 cucharadas de perejil fresco
- Sal y pimienta negra

PARA EL CUSCÚS

- 100 g de cuscús
- 4 orejones
- 16 uvas pasas
- 2 tomates pera
- 1 cucharada de perejil fresco
- La ralladura de ½ limón
- 1 cucharada de aceite de oliva
- ½ cucharadita de sal
- ¼ de cucharadita de pimienta negra

Lavamos las pechugas de pollo y retiramos toda la grasa visible. Con un cuchillo afilado hacemos varias incisiones profundas en cada pechuga.

Ponemos todos los ingredientes del marinado en un recipiente pequeño y removemos hasta que esté bien mezclado. Metemos las pechugas de pollo, frotándolas con la marinada y haciendo que entre por las incisiones que hicimos. Tapamos y reservamos en la nevera durante 1 hora como mínimo.

Echamos un vaso de agua en un cazo y lo llevamos al fuego. Cuando comience a hervir, lo vertemos sobre el cuscús que tendremos en un cuenco. Tapamos y dejamos que se hinche durante 5 o 10 minutos. Escurrimos bien el cuscús y removemos con un tenedor para esponjarlo. Agregamos los orejones troceados, las uvas pasas, los tomates picados, el perejil fresco picado, la ralladura de limón, el aceite de oliva, sal y pimienta negra a nuestro gusto, y mezclamos todo.

Ponemos una sartén antiadherente al fuego y cuando esté caliente, colocamos las pechugas de pollo encima y cocinamos a fuego medio dejando que se hagan durante 3 minutos por cada lado, o hasta que veamos que están hechas por el centro.

Cortamos las pechugas de pollo por las incisiones, en rebanadas, y las servimos con el cuscús árabe. Decoramos con perejil fresco y servimos.

PARA COMER Servid con una ensalada de rúcula y canónigos aliñada con vinagre balsámico y aceite de oliva virgen para completar el aporte de fibra y vitaminas.

PARA CENAR En lugar del cuscús, preparad unos espárragos trigueros a la plancha para acompañar al pollo. Servid con una rebanada de pan integral de cereales.

MÁS SALUDABLE Podéis utilizar cuscús integral que encontraréis en los herbolarios y tiendas de dietética.

EN LA WEB En www.isasaweis.com tenéis mi riquísima receta de cuscús con hortalizas. Es además un plato muy saludable y nutritivo que os encantará.

BROCHETAS DE CERDO Y MANZANA CON GLASEADO DE NARANJA

Las brochetas llevan poco trabajo y quedan muy bonitas en el plato, así que son ideales para cuando queremos preparar una comida un poco especial. La carne de cerdo combina muy bien con verduras como la cebolla y el calabacín, y va de maravilla con las frutas. El glaseado de naranja es el toque perfecto.

INGREDIENTES

- 300 g de carne magra de cerdo
- 1 manzana reineta
- 1 calabacín pequeño
- 2 cebollas moradas
- 2 cucharadas de miel artesanal

PARA EL GLASEADO

- El zumo de una naranja
- 4 orejones
- 2 cucharadas de miel
- 1 cucharada de mostaza
- ½ cucharadita de orégano
- ½ cucharadita de pimienta negra

Ponemos todos los ingredientes del glaseado en un cazo al fuego, mezclamos bien y dejamos que empiece a hervir. Retiramos del fuego, trituramos con la batidora y dejamos enfriar.

Lavamos y retiramos toda la grasa visible de la carne. La echamos en un recipiente junto con el glaseado, removemos para que se impregne, tapamos, y reservamos en la nevera durante 2 o 3 horas, o incluso de un día para otro.

Cortamos el calabacín en rodajas de unos 2 cm, y cada una a la mitad para obtener medias lunas.

Cortamos la manzana en cuartos y cada uno por la mitad a lo ancho.

Cortamos las cebollas moradas en cuartos también.

Sacamos la carne del glaseado donde estaba marinando y la insertamos en las brochetas alternándola con el resto de los ingredientes: manzana, cebolla, carne, calabacín, manzana, cebolla, carne y calabacín. Pincelamos todos los ingredientes con el glaseado que quedó en el recipiente, y las ponemos en una sartén estriada antiadherente a fuego medio durante 3 minutos por cada lado o hasta que el cerdo esté hecho.

Durante la cocción untamos los ingredientes con el glaseado para que queden más jugosos. Servimos calientes.

PARA COMER Servid con arroz integral o con unas patatas nuevas asadas o al vapor aliñadas con un poco de aceite de oliva y acompañad de ensalada fresca.

PARA CENAR Tomad de primero una crema caliente de calabaza o zanahoria. Acompañad de una rebanada de pan integral de cereales.

VARIANTE Podéis asar las brochetas en el horno si lo preferís. Colocadlas sobre una rejilla y metedlas al horno precalentado a 200° con calor arriba y abajo durante unos 15 minutos, dándoles la vuelta a mitad de cocción.

Podéis sustituir la manzana por unos trozos de calabaza de 1 cm de grosor.

SUGERENCIA Si utilizáis brochetas de madera, remojadlas en agua durante unos minutos antes de utilizarlas para que no se quemen ni se astillen.

BACALAO MOZÁRABE

El bacalao es un pescado blanco, bajo en grasa, y uno de los que más me gustan. Por otro lado, los platos árabes, con su mezcla de especias, frutas y frutos secos me parecen deliciosos. Así que, ¿por qué no probar con un bacalao con verduras, uvas pasas, piñones…? El resultado tenía que ser bueno seguro.

INGREDIENTES

- 2 lomos de bacalao en su punto de sal
- 2 cebollas
- ½ pimiento rojo
- ½ pimiento verde
- 2 dientes de ajo
- 2 tomates pera
- 2 cucharadas de uvas pasas
- 2 cucharadas de piñones o de almendras crudas
- 10 aceitunas verdes sin hueso
- 1 cucharada de perejil fresco
- ½ cucharadita de tomillo
- 1 hoja de laurel
- 2 cucharadas de aceite de oliva virgen
- 2 cucharadas de vinagre de manzana
- Sal y pimienta negra

Ponemos un cazo al fuego con los lomos de bacalao y agua que los cubra. Cuando empiece a hervir, cocinamos durante 3 minutos. Los sacamos a un plato, secamos con papel absorbente y reservamos.

Echamos el aceite en una cazuela y cuando esté caliente agregamos las cebollas cortadas en pluma fina, los pimientos en tiras, un poco de sal y pimienta, y rehogamos durante 20 minutos hasta que estén tiernos. Incorporamos los tomates troceados y cocinamos durante 10 minutos más.

Hacemos un majado en un mortero con los dientes de ajo, el perejil y un poco de sal. Agregamos el vinagre, removemos y lo vertemos en la cazuela. Añadimos la hoja de laurel y el tomillo, los piñones o las almendras, las uvas pasas, las aceitunas verdes y un poco de agua si fuera necesario, y cocinamos durante 5 minutos, removiendo.

Ponemos los lomos de bacalao sobre la salsa y dejamos durante 5 minutos más. Servimos.

PARA COMER Comenzad la comida con algún plato de verduras como unas judías verdes. Acompañad el bacalao de una patata nueva asada o de una buena rebanada de pan rústico.

PARA CENAR Servid el bacalao con un tomate aliñado y una rebanada de pan integral para acompañar.

NOTA El bacalao desalado en su punto de sal se encuentra en la sección de refrigerados de los supermercados. No debe confundirse con el bacalao fresco, que se utiliza para otro tipo de recetas. Este es un bacalao que ha estado previamente salado y que han desalado por nosotros para ahorrarnos el trabajo y el tiempo de desalarlo durante 48 horas, cambiándolo de agua varias veces.

@ EN LA WEB Un bacalao muy diferente, sencillo y clásico en sabores, es el «bacalao de mi abuela Tatá». Lo compartí con vosotros hace mucho tiempo ya. Si no lo habéis probado, os aconsejo hacerlo, tenéis la receta en www.isasaweis.com.

TACOS DE ATÚN EN SALSA DE PIMIENTOS VERDES

El atún es un pescado con una textura muy firme que con tan solo pasarlo por la plancha queda riquísimo. Es habitual hacerlo en salsa de tomate, pero para salir de lo tradicional os sugiero hacerlo así, con cebollas y pimientos verdes, junto con el aroma del brandy, tenemos un plato diferente y buenísimo también.

INGREDIENTES

- 1 rodaja de atún grande
- 2 cebollas
- 2 dientes de ajo
- 2 pimientos verdes
- 50 ml de brandy
- 3 cucharadas de aceite de oliva virgen
- Sal y pimienta negra

Ponemos una sartén grande al fuego con el aceite de oliva, y cuando esté bien caliente agregamos las cebollas cortadas en pluma, los ajos picados y un poco de sal. Dejamos pochar durante 15 minutos.

Añadimos los pimientos verdes cortados en juliana, y cocinamos durante 15 minutos más, hasta que las verduras estén tiernas.

Incorporamos el atún cortado en dados grandes y salpimentado, y rehogamos hasta que tome color.

Regamos todo con el brandy y dejamos a fuego fuerte hasta que comience a hervir. Bajamos el fuego y dejamos hacer la salsa durante 5 minutos más. Servimos.

PARA COMER Servid con unos fideos al huevo y unos corazones de alcachofa aliñados con orégano y aceite de oliva virgen extra para acompañar.

PARA CENAR Un caldo de primero y una rebanada de pan integral para acompañar al atún, y tendremos una cena estupenda.

VARIANTE Para hacer un plato completo por sí solo y muy rico, podéis añadir a la vez que los pimientos una patata cortada en trozos como para tortilla, y pochar todo junto. Agregad un poco de agua y dejad hasta que la patata esté tierna antes de incorporar los dados de atún. Continuad la receta del mismo modo.

También podéis utilizar un pimiento rojo y uno verde en lugar de dos pimientos verdes.

SUGERENCIA Para cortar los pimientos hacedlo siempre por el lado de dentro de la carne. Os resultará más fácil que si lo hacéis por el lado de la piel, que ofrece más resistencia y además puede hacer resbalar el cuchillo.

BROCHETAS DE LANGOSTINOS CON SALSA DE COCO

Estas brochetas, llenísimas de sabores y aromas, son de esos platos que os animo a probar. Las especias nos ayudan mucho en la cocina: realzan los sabores, tienen muchas propiedades y son grandes aliadas a la hora de reducir la cantidad de azúcar y sal.

INGREDIENTES

- 250 g de langostinos pelados

PARA EL MARINADO

- 2 cucharadas de aceite de oliva virgen
- 1 diente de ajo machacado
- 1 cucharadita de cebolla en polvo o cebolla deshidratada
- 1 cucharada de perejil fresco
- ½ cucharadita de pimentón dulce
- 1 guindilla cayena picada muy fina
- 1 cucharadita de cúrcuma
- 1 cucharada de zumo de limón
- ½ cucharadita de sal
- ¼ de cucharadita de pimienta negra

PARA LA SALSA DE COCO

- 1 yogur natural, el envase del yogur de leche de coco
- 1 cucharada de coco rallado
- 1 cucharada de miel artesanal o melaza
- 1 cucharadita de ralladura de limón
- 1 cucharadita de jengibre fresco
- 1 cucharada de aceite de oliva virgen
- Una pizca de sal

En un recipiente, mezclamos muy bien todos los ingredientes del marinado, agregamos los langostinos pelados y removemos para impregnarlos bien. Tapamos y reservamos en la nevera durante 2 o 3 horas o incluso de un día para otro.

En un cuenco, mezclamos todos los ingredientes de la salsa, tapamos y reservamos en la nevera durante 2 o 3 horas.

Sacamos los langostinos del marinado y los insertamos doblados en las brochetas.

Pincelamos bien los langostinos con el marinado que quedó en el recipiente, y ponemos las brochetas en una sartén estriada antiadherente a fuego medio durante 1 minuto por cada lado, hasta que los langostinos estén hechos.

Servimos las brochetas acompañadas de la salsa de coco.

PARA COMER Servid las brochetas de langostinos con un cuenco de arroz basmati como guarnición y ensalada variada como acompañamiento.

PARA CENAR Unas verduras a la plancha son un complemento ideal. Acompañad de una rebanada de pan integral de cereales.

SABÍAS QUE... La cúrcuma es una raíz que consumimos seca y en polvo, y es la que otorga su característico color al curry. Es antiinflamatoria y anticancerígena, y estimula la digestión, propiciando la liberación de las enzimas encargadas de transformar los hidratos de carbono y las grasas.

VARIANTE Si lo preferís, podéis asar las brochetas en el horno bajo el grill, colocándolas sobre la bandeja cubierta con papel vegetal, durante 5 minutos, y dándoles la vuelta a mitad de cocción.

SUGERENCIA Siempre que utilizo langostinos para algún plato, procuro eviscerarlos aunque lleve un poco de trabajo, porque el resultado es mucho mejor. Para hacerlo, pasad un cuchillo por el lomo del langostino haciendo una incisión a lo largo de toda la cola. Una vez hecho, retirad el hilo negro tirando de él o con ayuda del cuchillo, y ya tendréis los langostinos perfectamente limpios.

Si utilizáis brochetas de madera, remojadlas previamente en agua para que no se quemen ni se astillen.

EN LA WEB En www.isasaweis.com tenéis otra receta de brochetas de langostinos que son espectaculares, las «brochetas mar y tierra con vinagreta». ¡Preparadlas para una comida especial!

BANDEJA DE LENGUADOS CON JAMÓN, PATATINAS Y LIMÓN

El lenguado es un pescado blanco sin nada de grasa y muy digestivo, de hecho, es uno de los primeros pescados que se dan a los niños. Asados con unas patatas y acompañados de una ensalada fresca, se convierte en un plato único estupendo que además se prepara en un momento.

INGREDIENTES

- 4 filetes de lenguado
- 8 patatas parisinas o patatas baby o de guarnición
- 4 lonchas de jamón serrano
- Aceite de oliva virgen
- Zumo de limón
- 1 cucharadita de romero
- Sal y pimienta negra

PARA SERVIR

- 1 puñado de canónigos
- ½ cebolleta
- 8 tomates cherry
- 1 limón

Pelamos las patatas, las lavamos, las cortamos en rodajas de ½ cm de grosor y las ponemos en un bol. Regamos con un hilo de aceite de oliva, echamos el romero y un poco de sal y pimienta, y removemos para impregnarlas bien.

Engrasamos la bandeja del horno con un poco de aceite de oliva, con ayuda de una toallita de papel, y distribuimos por encima las patatas. Metemos al horno precalentado a 180° con calor arriba y abajo durante 10 minutos.

Subimos la temperatura del horno a 200° y asamos durante 10 minutos para que se doren. Sacamos del horno, colocamos encima los filetes de lenguado salpimentados y los regamos con un hilo de aceite de oliva virgen. Espolvoreamos el jamón serrano picado y metemos de nuevo al horno a 200° durante 10 minutos más.

Mientras, ponemos en un bol los canónigos, la cebolleta cortada en pluma fina y los tomates cherry a la mitad. Aliñamos con un hilo de aceite de oliva, un poco de zumo de limón y de sal, y mezclamos.

Sacamos la bandeja del horno, adornamos con el limón cortado en cuñas, distribuimos por encima la ensalada y servimos en seguida.

PARA COMER Servid una sopa para empezar la comida y un trozo de un pan rústico integral para acompañar, y tendréis una comida completa.

PARA CENAR Aumentad la porción de ensalada agregando unos tomates cherry más y unos encurtidos si lo deseáis, y tendréis una cena estupenda.

♡ MÁS SALUDABLE Podéis sustituir las patatas por un par de batatas o boniatos.

CARNE MORUNA

Este guiso lo hago indistintamente con carne de ternera o de pollo, y de ambas formas está muy rico. Al hacer uso de las especias, las frutas y los frutos secos, no hace falta ni más grasa ni más sal para que el plato resulte muy sabroso. Os dejo otra joya de la gastronomía árabe.

INGREDIENTES

- 1 kg de carne de ternera
- 3 cebollas
- 1 puñado de uvas pasas
- 1 puñado de ciruelas pasas sin hueso
- 2 puñados de almendras crudas
- 125 ml de vinagre de manzana
- 125 ml de agua
- 1 lata de aceitunas verdes sin hueso
- 2 cucharadas de aceite de oliva virgen
- 1 cucharadita de curry
- 1 cucharadita de ras el hanout
- Sal y pimienta

Tostamos las almendras en una sartén sin nada de materia grasa y reservamos.

Limpiamos la carne retirando toda la grasa visible y la ponemos en un bol junto con el curry, el ras el hanout, y un poco de sal y pimienta negra. Mezclamos bien, tapamos y reservamos en la nevera durante 30 minutos.

Pelamos las cebollas y las cortamos a pluma. Las echamos en una cazuela con el aceite de oliva y la sal, y rehogamos a fuego lento hasta que estén blandas y empiecen a dorarse.

En una sartén con un poco de aceite de oliva, rehogamos los trozos de carne hasta que cambien de color, y a medida que vaya estando la vamos echando en la cazuela con la cebolla.

Agregamos las uvas y las ciruelas pasas, las almendras tostadas, el vinagre de manzana y el agua, y dejamos que empiece a hervir. Bajam0os el fuego, tapamos y cocinamos a fuego bajo durante 1 hora y 30 minutos.

Agregamos las aceitunas verdes escurridas y cocinamos durante 30 minutos más. Comprobamos que la carne esté tierna, y probamos la salsa para rectificar de sal si fuera necesario. Servimos.

PARA COMER Preparad una buena ensalada mixta de primero y arroz basmati como guarnición de la carne, y tendréis una comida muy rica y completa.

PARA CENAR Servid con unos espárragos trigueros o unas setas a la plancha y una rebanada de pan integral para acompañar.

SABÍAS QUE... El curry no es una especia, en realidad es una mezcla de especias, entre ellas la cúrcuma, que le otorga su característico color amarillo. Por ello encontraréis currys que piquen más o menos, de distinta intensidad y hasta con diferente aroma.

El ras el hanout es otra mezcla de especias típica de la cocina árabe. Literalmente significa «cabeza de la tienda», lo que indica que cada mercader lo hace con sus mejores especias.

SUGERENCIA Como cualquier guiso, estofado de carne o de legumbres, es mejor prepararlo el día anterior. El día de reposo ayuda a intensificar los sabores y el resultado es más rico si cabe.

VARIANTE Se puede hacer igual sustituyendo la carne de ternera por muslos y contramuslos de pollo. Podéis utilizar orejones en lugar de ciruelas pasas y prescindir de las aceitunas si lo preferís.

PULPO A LA GALLEGA EXPRÉS

Seguro que si no lo habéis hecho nunca, os parecerá imposible que se pueda hacer el pulpo así. Da respeto echar el pulpo dentro de la olla y cerrarla sin echar nada de agua. A mí me lo dio la primera vez… Pero el pulpo suelta mucha agua y de este modo se hace en su propio jugo, sin necesidad de meterlo y sacarlo del agua, ni de tenerlo media hora cociendo. De ahí el nombre «pulpo a la gallega exprés».

INGREDIENTES

- 1 pulpo congelado limpio
- Aceite de oliva virgen
- Pimentón
- Sal gorda

Dejamos descongelar el pulpo en la nevera desde el día anterior.

Una vez descongelado, lo ponemos en la olla exprés, sin añadirle nada, ni siquiera agua, ni sal.

Cerramos la olla y la ponemos a fuego fuerte. Cuando suban los anillos, bajamos el fuego y cocinamos durante 7 minutos.

Apagamos y esperamos a que se pueda abrir la olla.

Sacamos el pulpo, cortamos las patas en trozos de unos 2 cm y los disponemos en una fuente. Regamos con un hilo de aceite de oliva virgen, y espolvoreamos con pimentón y sal gorda.

PARA COMER. Podéis preparar para comenzar una crema de legumbres con crutones de pan, y después el pulpo acompañado de las características patatas cocidas.

PARA CENAR. Servid el pulpo con patatas cocidas y un poco de tomate aliñado para acompañar, y tendréis una cena perfecta.

NOTA Estos tiempos son para hacerlo en una olla a presión rápida. Si la vuestra no es rápida tendréis que ajustar el tiempo en función de vuestra olla.

En mi otro libro de cocina, *La cocina de isasaweis*, compartí con vosotros muchas recetas de mi familia. Entre ellas el famoso «pulpín con patatines» de mi prima. ¡No dejéis de probarlo, es espectacular!

VERDURAS EN ESCABECHE
CON PATATA Y FLOR DE HUEVO

¡Me chifla este plato! Cómo cambian los gustos… El escabeche era una preparación que no me gustaba mucho, aunque al principio solo lo conocía en pescados. Después lo he ido probando en carnes, y posteriormente en verduras y hortalizas, y desde entonces cada vez que lo hago me gusta más. En esta receta las verduras quedan melosas, concentran su sabor y el resultado es delicioso.

INGREDIENTES

- 8 setas
- 4 cebollas pequeñas
- 4 dientes de ajo
- 2 puerros
- 2 patatas nuevas
- 2 huevos
- 250 ml de aceite de oliva virgen suave
- 85 ml de vinagre de manzana
- 1 rama de romero
- 1 hoja de laurel
- 4 bolas de pimienta negra
- Sal

Limpiamos las setas con un paño. Pelamos las cebollas, retiramos las hojas exteriores y las dejamos enteras. Cortamos los puerros, quedándonos solo con la parte blanca. Retiramos las hojas exteriores, hacemos una incisión a lo largo y los lavamos bien bajo el chorro de agua del grifo. Los dejamos enteros.

Colocamos en el fondo de una cazuela baja y no muy grande las setas, las cebollas, los puerros y los dientes de ajo sin pelar. Añadimos la rama de romero, la hoja de laurel y las bolas de pimienta negra, un poco de sal y regamos todo primero con el vinagre y después con el aceite. Ponemos a fuego medio, y cuando esté caliente, tapamos y cocemos a fuego lento durante 1 hora.

Pelamos las patatas y las cortamos en rodajas gruesas. Las ponemos en un plato, con un poco de sal y un hilo de aceite de oliva, y las hacemos en el microondas durante 6-8 minutos, o bien en el horno precalentado a 200° tapadas con papel de aluminio durante 20 minutos.

Para hacer las flores de huevo forramos dos cuencos por dentro con papel film, dejando que sobre hacia afuera. Cascamos en cada cuenco un huevo y salamos ligeramente. Cerramos el papel film haciendo un nudo, y lo metemos en un cazo con agua hirviendo. Cocemos durante 4 minutos. Sacamos del agua, dejamos entibiar y retiramos el papel film con cuidado.

Colocamos en cada plato una base de rodajas de patata. Ponemos encima cuatro setas, un puerro, dos cebollas y dos dientes de ajo, y sobre todo ello un huevo, y servimos.

PARA COMER Acompañad de una buena rebanada de pan integral de frutos secos y semillas.

PARA CENAR Este plato es por sí solo una cena completa estupenda.

SABÍAS QUE... Os puede parecer mucho utilizar 250 ml de aceite, pero los escabeches son así. No os preocupéis por la línea, en realidad resulta un plato ligero porque el aceite solo se utiliza para cocinar las verduras, que han de quedar cubiertas para que se hagan bien, pero luego no se consume.

IDEA El escabeche que sobra de cocer las verduras, no se os ocurra tirarlo. Coladlo, echadlo en un frasco y conservadlo en la nevera. Se puede utilizar para volver a hacer este plato, para aliñar ensaladas, pescados al horno o para hacer guisos de carne.

EN LA WEB No puedo hablar de escabeche sin acordarme de mis riquísimas «pechugas de pollo en escabeche de naranja». ¡Son pura delicia! Tenéis la receta en www.isasaweis.com.

POLLO HINDÚ CON BERENJENA

La primera vez que comimos este plato no estábamos muy convencidos porque aunque las especias nos encantan, en aquella época no éramos muy fans de la berenjena. Esta receta fue una de las que nos fue animando a incluirla más en nuestra alimentación, y ahora la utilizamos mucho. Tanto si os gusta la berenjena como si no, este plato os encantará.

INGREDIENTES

- 4 contramuslos de pollo deshuesados y sin piel
- 1 berenjena pequeña
- 1 cebolla
- 1 diente de ajo
- 125 ml de agua
- 1 cucharada de aceite de oliva
- Zumo de limón
- Perejil fresco o cilantro fresco

PARA EL MARINADO

- 2 cucharadas de aceite de oliva
- ½ cucharadita de comino en polvo
- ¼ de cucharadita de canela
- ½ cucharadita de jengibre en polvo
- 1 vaina de cardamomo
- 2 cucharaditas rasas de cúrcuma
- 1 guindilla cayena
- ½ cucharadita de sal
- ¼ de cucharadita de pimienta negra

Lavamos la carne de los contramuslos y retiramos toda la grasa visible. La cortamos en trozos de bocado, los embadurnamos con zumo de limón y los ponemos en un recipiente.

Echamos todos los ingredientes del marinado en un cuenco, lo mezclamos muy bien y lo vertemos en el recipiente con la carne de pollo. Removemos, tapamos y reservamos en la nevera durante 3 o 4 horas. Durante este tiempo, si podemos, lo removemos un par de veces.

Cortamos la berenjena sin pelar en dados. Picamos la cebolla y el ajo muy finos.

Sacamos la carne de pollo de la nevera y la escurrimos del marinado.

Calentamos en una sartén el aceite de oliva y cuando esté bien caliente, echamos la carne de pollo y sofreímos hasta que coja color.

Agregamos el ajo y la cebolla bien picados y sofreímos durante 10 minutos. Incorporamos los dados de berenjena y rehogamos durante 10 minutos más. Añadimos el perejil o cilantro fresco picado y el agua tapamos y cocinamos a fuego medio durante 35 minutos.

PARA COMER De primero podéis preparar unas judías verdes y a continuación el pollo acompañado de arroz basmati.

PARA CENAR Acompañad de unas hojas de rúcula y canónigos aliñados con aceite de oliva y vinagre balsámico, y una rebanada de pan integral.

SUGERENCIA Siempre que podáis, utilizad hierbas frescas en lugar de secas, ya que aportan un aroma mayor y más rico. No obstante, como no siempre es fácil encontrarlas, si las utilizáis secas tened en cuenta que hay que utilizar bastante menos cantidad que cuando las utilizamos frescas.

SALMÓN A LA PLANCHA
CON ENSALADA DE PATATAS BABY

El salmón combina de maravilla con la mostaza, el eneldo, las alcaparras y el limón, por eso esta ensalada de patatas baby es una guarnición ideal para un simple y riquísimo salmón a la plancha. El alga nori, además del aporte nutricional, hace más bonita la presentación.

INGREDIENTES

- 2 lomos de salmón
- 1 lámina de alga nori
- 1 cucharada de aceite de oliva virgen
- Sal y pimienta negra

PARA LA ENSALADA:

- 250 g de patatas baby o de guarnición
- ½ cebolleta
- 2 cucharadas de alcaparras
- 2 cucharaditas de ralladura de limón
- 2 cucharaditas de eneldo fresco
- 1 cucharada de yogur natural
- 1 cucharadita de mostaza
- 2 cucharadas de aceite de oliva virgen extra
- 1 cucharada de zumo de limón
- Sal y pimienta negra

Echamos en un bol grande la cebolleta y las alcaparras picadas muy finas, la ralladura de limón, el eneldo fresco, el yogur natural, la mostaza, el aceite de oliva virgen extra, el zumo de limón y una pizca de sal y pimienta negra y mezclamos bien. Reservamos.

Lavamos las patatas y las cocemos en una olla con abundante agua y un poco de sal, durante 20 minutos, o hasta que estén tiernas. Sacamos, escurrimos bien, las pelamos y aún calientes, las echamos en el bol con el resto de los ingredientes de la ensalada, mezclando todo con cuidado.

Cortamos dos cintas de unos 4 cm de ancho de alga nori.

Condimentamos los lomos de salmón con un poco de sal y pimienta negra recién molida, y envolvemos cada uno con una cinta de alga nori, dejando el cierre por la parte de la piel.

Calentamos el aceite en una sartén antiadherente, y cuando esté bien caliente, ponemos los lomos de salmón con la piel hacia abajo. Cocinamos a fuego fuerte durante tres minutos. Damos la vuelta, y dejamos hacer uno o dos minutos más, en función del grosor del lomo.

Sacamos los lomos de salmón a un plato y servimos con la ensalada de patatas.

PARA COMER Comenzad la comida con una crema de verduras para completar el aporte de vitaminas, como mi crema de calabaza asada que tenéis en www.isasaweis.com. Acompañad de un trozo de pan integral con semillas y cereales.

PARA CENAR Acompañad de unos espárragos trigueros a la plancha y tendréis una cena estupenda.

SABÍAS QUE... El alga nori, como la mayoría de las algas marinas, es muy rica en minerales como magnesio, potasio, hierro y sobre todo en yodo, un mineral muy importante para la prevención del bocio y del hipotiroidismo. Es muy digestiva y ayuda a las defensas y a luchar contra el colesterol.

Su uso más conocido es para la elaboración de sushi. Se encuentra en tiendas de alimentación oriental, grandes superficies y tiendas de dietética.

SUGERENCIA Cocemos las patatas con piel para que no absorban tanta agua y conserven en la medida de lo posible su almidón. El tiempo de cocción es aproximado porque depende del tamaño de la patata. Para saber si están bien cocidas, las pinchamos con un cuchillo, que debería entrar y salir sin dificultad y sin levantar la patata del fondo de la olla.

PAPILLOTE DE BACALAO CON VERDURITAS

No hay forma más ligera y sana de comer un pescado que así, con unas verduras, hecho todo en su propio jugo, con el vapor concentrado que se forma dentro del papillote. Además podemos improvisar con los ingredientes que tengamos en casa porque admite casi de todo, hacemos la comida en un momento y no ensuciamos nada.

INGREDIENTES

- 2 lomos de bacalao
- 2 zanahorias
- 2 cebolletas
- 100 g de guisantes
- 2 patatas nuevas
- 1 limón
- 2 cucharadas de aceite de oliva
- Sal y pimienta negra

Pelamos las zanahorias y las cortamos en tres trozos. Retiramos la parte exterior de las cebolletas y las cortamos por la mitad a lo largo. Pelamos las patatas y las cortamos en rodajas.

Ponemos las zanahorias, las cebolletas, las patatas y los guisantes en una vaporera sobre una olla con agua hirviendo y lo cocemos durante 10 minutos.

Cortamos dos trozos grandes de papel de aluminio y los ponemos sobre la bandeja del horno. Colocamos en cada uno un lomo de bacalao, salpimentamos y disponemos al lado de cada uno la mitad de las zanahorias, cebolletas, patatas y guisantes.

Cortamos el limón en cuartos. Rallamos dos cuartos y dejamos enteros los otros dos.

Colocamos en cada paquete un cuarto de limón y espolvoreamos por encima la ralladura de otro cuarto. Regamos cada paquete con una cucharada de aceite de oliva y los cerramos muy bien, doblando los extremos hacia adentro, de modo que queden herméticos.

Metemos al horno precalentado a 210° con calor arriba y abajo durante 15 minutos o hasta que los paquetes se inflen.

Sacamos, abrimos los paquetes con unas tijeras y con mucho cuidado de no quemarnos con el vapor que sale y servimos en el propio papillote.

PARA COMER Servid con un buen trozo de pan integral con cereales y semillas.

PARA CENAR Este plato es una cena muy nutritiva y completa.

VARIANTE Se puede hacer igual la receta utilizando dos lomos de salmón o cuatro lomos de salmonetes.

Si preferís, podéis cocer las verduras en el microondas, poniéndolas en una fuente y cocinando a máxima potencia durante 6 minutos.

SABÍAS QUE... El papillote es una técnica de cocina muy rápida y sencilla. Consiste en envolver los ingredientes en papel de aluminio formando un paquete bien cerrado, y someterlos a una cocción intensa y corta, en la que apenas se pierden vitaminas ni nutrientes.

GUARNICIONES Y ACOMPAÑAMIENTOS

Muchas veces no tenemos nada preparado para la comida o la cena y hay que improvisar algo. Decidme que también os pasa a vosotros y ¡que no soy la única! Ja, ja. Para esas ocasiones en que tenemos en la nevera unos filetes o unos huevos, o algún guiso de otro día, pero que no constituyen por sí solos una comida, lo ideal es preparar una guarnición rápida que acompañe bien y que aporte los nutrientes necesarios para completarla. Os propongo algunas y os sugiero en qué ocasiones prepararlas.

TABULÉ

El tabulé o tabbouleh es una ensalada típica de la cocina árabe. Nosotros lo comemos muchas veces en días de calor, y es una delicia. Resulta un plato muy sabroso y refrescante, y ¡está lleno de vitaminas!

INGREDIENTES

- 100 g de trigo bulgur integral
- 3 tomates
- 1 cebolla morada pequeña o 1 cebolleta
- 8 cucharadas de perejil fresco
- 2 cucharadas de menta fresca
- 3 cucharadas de aceite de oliva virgen extra
- 2 cucharadas de zumo de limón
- Sal

Preparamos el trigo bulgur como indique el fabricante. Habitualmente, lo ponemos en un cuenco, calentamos en un cazo abundante agua hasta que comience a hervir y lo vertemos sobre el bulgur. Tapamos y dejamos reposar durante 15 minutos. Escurrimos y reservamos.

Cortamos la cebolla muy fina, los tomates en dados, y picamos el perejil fresco y la menta.

Ponemos el bulgur en una ensaladera y añadimos la cebolla, los tomates y las hierbas frescas.

Echamos en un cuenco el zumo de limón, el aceite de oliva y la sal, batimos para emulsionarlo y regamos con ello la ensalada. Mezclamos bien, tapamos y reservamos en la nevera durante una hora para que se integren los sabores.

Servimos fresco.

SABÍAS QUE... El trigo bulgur es un ingrediente muy utilizado en la cocina árabe. Se trata de granos de trigo precocidos, secados y partidos, que se utilizan en muchos guisos y algunas ensaladas, como esta. Es un cereal rico en vitaminas del grupo B, y en minerales como hierro, magnesio, fósforo y potasio. Tiene un índice glucémico bajo si lo consumimos en su versión integral, y resulta delicioso y muy fácil de combinar en muchos platos, ya que su sabor suave a frutos secos funciona muy bien con muchos ingredientes.

SUGERENCIA Es muy buena guarnición para carnes y pescados. También es ideal para acompañar a un plato de garbanzos.

VARIANTE Si no encontráis trigo bulgur, podéis sustituirlo por cuscús integral.

HORTALIZAS ASADAS

La calabaza, la patata, el boniato... Las hortalizas son taaaaan ricas, y además lo son especialmente cuando las preparamos asadas, ¿verdad? Quedan ligeramente caramelizadas, un poco crujientes y doradas por fuera, y tiernas y melosas por dentro... Mmm. Son una guarnición ideal, y si las preparáis así con romero y tomillo frescos, serán las reinas del plato.

INGREDIENTES

- 300 g de calabaza
- 300 g de patatas parisinas, baby o de guarnición
- 250 g de boniato o batata
- 2 zanahorias
- 2 ramas de romero fresco
- 2 ramas de tomillo fresco
- 2 cucharadas de aceite de oliva virgen
- 2 cucharadas de agua
- Sal y pimienta negra

Lavamos muy bien las hortalizas, las pelamos y cortamos en cuñas, excepto las zanahorias que las dejamos enteras.

Las disponemos en la bandeja del horno y salpimentamos al gusto. Colocamos las ramas de romero y tomillo, y regamos primero con agua y después con el aceite de oliva. Removemos muy bien con las manos para impregnarlo todo por igual.

Metemos al horno precalentado a 190° con calor arriba y abajo durante 1 hora, hasta que las hortalizas estén tiernas y se hayan dorado. Durante la cocción, las removemos una o dos veces. Cuando vaya quedando poco, vigilamos para que no se quemen, ya que depende mucho de nuestro horno y del tamaño de las hortalizas.

Servimos caliente como guarnición.

SUGERENCIA Son una guarnición ideal para platos de carne. También constituyen un plato estupendo si las utilizamos para acompañar a los cereales como el arroz integral, al mijo o a la quinoa.

Intentad conseguir hierbas frescas, dan un sabor mucho más rico. No obstante, podéis utilizar romero y tomillo seco si no los encontráis frescos. En ese caso, cuando salpimentéis las hortalizas, espolvoread también por encima media cucharadita de cada uno.

Si las hortalizas son de piel fina, podéis cepillarlas bien y cocinarlas sin pelar.

VARIANTE Si queréis probar otras opciones, se pueden asar con muy buen resultado cebollas moradas, nabos, remolachas, chirivías, calabacines o cabezas de ajo enteras.

También podéis prescindir del romero y del tomillo, y condimentar las hortalizas con un poco de pimentón, curry o comino.

BRÓCOLI AL VAPOR CON ALMENDRAS

En casa hacemos muchas veces el brócoli en la vaporera de bambú. Queda especialmente rico, y ¿sabéis quién es muy fan? Mi hijo Mateo, ¡con sus cuatro añitos! ¡¡Cuando vamos a hacer la compra me dice que si puede comprar brócoli!! Ja, ja. Pero es que ya con un añito, tuvimos que darle un día a probar, porque lo vio allí en la vaporera y le llamó la atención.

Preparado así, con unas almendras, un poco de aceite de oliva y unas gotitas de limón, se convierte en una guarnición muy rica y muy ligera.

INGREDIENTES

- 300 g de ramilletes de brócoli
- 2 cucharadas de almendra laminada
- 1 cucharada de aceite de oliva virgen
- Unas gotas de zumo de limón
- Sal y pimienta negra

En una sartén antiadherente sin nada de materia grasa, tostamos la almendra laminada hasta que esté ligeramente dorada. Reservamos.

Cocemos el brócoli al vapor, colocándolo en la vaporera de bambú o bien en un colador, sobre una olla con agua hirviendo. Tapamos y cocinamos durante 10 minutos, hasta que esté hecho pero firme.

Disponemos el brócoli en un plato y condimentamos con el aceite de oliva, el zumo de limón y un poco de sal y pimienta negra recién molida. Espolvoreamos por encima la almendra y servimos como acompañamiento.

SUGERENCIA Es un buen complemento para carnes o pescados, utilizando además para acompañar un poco de arroz integral o basmati o un trozo de pan.

SABÍAS QUÉ... El brócoli es muy rico en fitoquímicos beneficiosos para el organismo. Es una gran fuente de folatos y vitamina C, y tiene propiedades anticancerígenas.

IDEA Contra las digestiones pesadas en casa preparamos una infusión que es infalible. Haced un majado en el mortero con semillas de comino, estrellas de anís, semillas de hinojo y un trozo de palo de regaliz. Guardad la mezcla en un frasco en la despensa, y cuando lo necesitéis, haced una infusión con una cucharadita de la mezcla. ¡Es mano de santo!

VARIANTE Podéis sustituir la almendra laminada por anacardos troceados.

PURÉ DE BONIATO CON AJO

El puré de boniato no es tan popular en nuestro país como el puré de patata, pero en otros lugares se consume muy habitualmente. Tiene una textura parecida a la patata, un sabor más dulce y un IG más bajo. Si nunca lo habéis probado, id haciendo un hueco a esta hortaliza en vuestros platos porque está muy rica, llena de propiedades y es muy versátil.

INGREDIENTES

- 300 g de boniato o batata
- 2 dientes de ajo
- 1 cucharada de aceite de oliva virgen
- 1 cucharada de zumo de limón
- ¼ de cucharadita de pimentón
- Sal y pimienta negra

Ponemos una olla al fuego con abundante agua con un poco de sal y cuando comience a hervir agregamos los boniatos pelados y troceados y los dientes de ajo pelados y enteros. Cocinamos durante unos 20 minutos hasta que los boniatos estén tiernos.

Sacamos de la olla el boniato y el ajo, escurrimos y ponemos en un bol. Agregamos el aceite de oliva, zumo de limón, el pimentón, sal y pimienta al gusto y chafamos hasta hacerlo puré.

Servimos como guarnición.

SUGERENCIA Servidlo tal y como haríais con el puré de patata, teniendo en cuenta que tiene un sabor un poco más dulce. A mí me parece ideal para acompañar a guisos de carne o a unos filetes a la plancha.

SABÍAS QUÉ... El boniato, también conocido como batata, es una excelente fuente de betacaroteno, y de vitaminas C y E. Es muy rico en lisina, el aminoácido de las proteínas que le falta a los cereales, por lo que la combinación de boniato con arroz, pasta o maíz es ideal para formar proteínas completas. Además, el boniato ayuda en la absorción del hierro de los cereales.

VARIANTE También podéis asar el boniato y el ajo en el horno en lugar de cocerlo, para conseguir un sabor más dulce. Ponedlos en una fuente cubierta con papel de aluminio y metedlo al horno precalentado a 250° con calor arriba y abajo durante 30 minutos.

ARROZ BASMATI CON FRUTOS SECOS

El arroz basmati es perfecto para ensaladas y guarniciones. Se prepara en un momento, queda muy suelto y está lleno de aromas. Esta receta con la cúrcuma, la gran variedad de frutos secos y las pasas... ¿qué os voy a decir yo que no sepáis ya?… ¡Que me encanta!

INGREDIENTES

- 1 vaso de arroz basmati
- 1 diente de ajo
- ½ cucharadita de cúrcuma
- 1 y ½ vasos de agua
- 1 cucharada de avellanas
- 1 cucharada de nueces troceadas
- 1 cucharada de pistachos pelados
- 2 cucharadas de almendras tostadas
- 2 cucharadas de uvas pasas
- 2 cucharadas de aceite de oliva virgen
- 2 clavos
- 1 rama de canela
- ½ cucharadita de sal

Lavamos bien el arroz bajo el chorro de agua fría y escurrimos.

Ponemos una cazuela al fuego con el aceite y cuando esté caliente, agregamos los clavos y el diente de ajo entero sin pelar, y rehogamos durante un minuto.

Agregamos el arroz, la rama de canela y la cúrcuma, removemos durante un minuto más. Añadimos las avellanas, las nueces, las almendras, los pistachos, las uvas pasas, el agua y la sal. Mezclamos y dejamos que comience a hervir. Tapamos, bajamos el fuego, y cocinamos durante 20 minutos a fuego bajo, hasta que se haya evaporado el agua.

Servimos como guarnición.

SUGERENCIA Es un acompañamiento perfecto para guisos de carne con salsa o para conseguir un plato muy completo junto a unos garbanzos salteados.

SABÍAS QUE... El arroz basmati es una variedad de arroz de grano largo, muy utilizado en la cocina oriental. Es muy aromático y tiene un IG inferior al de otros arroces.

MÁS SALUDABLE Para hacerlo más saludable aún, podéis utilizar arroz basmati integral que encontraréis en tiendas de dietética y herbolarios. En este caso, echad 2 vasos de agua en lugar de 1 y ½ y coced durante 40 minutos.

VARIANTE Podéis utilizar curry en lugar de cúrcuma si lo preferís. También podéis prescindir de alguno de los frutos secos o incorporar otros como los piñones.

ENSALADA WALDORF LIGERA

La ensalada Waldorf fue inventada a finales del siglo XIX en el famoso hotel Waldorf de Nueva York. Originalmente solo llevaba manzana, apio y mayonesa. Más tarde se incorporaron las nueces, y en algunas variantes las uvas. En esta versión que os presento utilizamos una salsa de yogur en lugar de mayonesa para hacerla más ligera.

INGREDIENTES

- Unas hojas de lechuga
- 2 ramas de apio
- 1 manzana granny smith
- Unas gotas de zumo de limón
- 2 cucharadas de nueces peladas
- 2 cucharadas de uvas verdes frescas

PARA EL ALIÑO

- 1 yogur natural desnatado
- 2 cucharadas de aceite de oliva virgen
- 1 cucharada de vinagre de manzana
- Sal

Lavamos las hojas de lechuga, las escurrimos muy bien y las troceamos con las manos.

Lavamos las ramas de apio y retiramos los hilos con ayuda de un cuchillo, cogiéndolos por el extremo y tirando hacia abajo. Las cortamos en trozos pequeños

Pelamos la manzana y la cortamos en dados de bocado. Regamos con unas gotas de zumo de limón y removemos.

Ponemos todos los ingredientes del aliño en un cuenco y mezclamos muy bien. Probamos y rectificamos a nuestro gusto.

Disponemos en una fuente las hojas de lechuga. Distribuimos por encima los trozos de apio y de manzana, las nueces troceadas, y las uvas. Regamos todo con el aliño y servimos.

SUGERENCIA Se puede utilizar como primer plato en cualquier comida, para completar un plato de pasta o arroz o para acompañar a una carne o a un pescado.

SABÍAS QUE... El apio es muy rico en potasio, y tiene poder antiinflamatorio y diurético.

VARIANTE Si no es época de uvas frescas, o simplemente si lo preferís, podéis sustituirlas por uvas pasas.

Aunque la receta original no lo haga, os aconsejo tostar un poco las nueces en una sartén sin nada de materia grasa, antes de echarlas a la ensalada. Sueltan el aroma y están mucho más sabrosas. Si os queréis dar un capricho, echadle nueces caramelizadas. Buscad cómo hacerlas en www.isasaweis.com.

ARROZ PICANTE
CON CHAMPIÑONES

Este arroz es muy sencillo, pero el sabor del ajo y los champiñones y el toque picante lo convierten en una guarnición riquísima.

INGREDIENTES

- 1 vaso de arroz basmati
- 1 y ½ vasos de agua
- 100 g de champiñones
- ½ cebolla
- 1 diente de ajo
- 1 guindilla cayena
- 2 cucharadas de aceite de oliva
- ½ cucharadita de sal
- Pimienta negra

Lavamos bien el arroz bajo el chorro de agua fría y escurrimos.

Ponemos una cazuela al fuego con el aceite y cuando esté caliente, agregamos la cebolla, el ajo y la guindilla, todo muy picado, y rehogamos hasta que la cebolla esté tierna.

Añadimos los champiñones picados muy finos, la sal, un poco de pimienta negra recién molida y el arroz, y rehogamos durante un minuto.

Vertemos el agua, mezclamos y dejamos que comience a hervir. Tapamos, bajamos el fuego, y cocinamos durante 25 minutos a fuego bajo, hasta que se haya evaporado el agua.

Servimos como guarnición.

SUGERENCIA Este arroz es muy versátil. Acompaña muy bien a la carne y al pescado, y también a unos huevos a la plancha. Preparando una ensalada o una crema de verduras delante, tenemos una comida completa.

También es ideal para servir con unos langostinos salteados o al horno.

Otra opción muy buena es servirlo con un plato de legumbres. Funciona muy bien con todas, y de la combinación de legumbres y arroz obtenemos proteínas completas.

VARIANTE Podéis sustituir los champiñones por unas puntas de espárragos trigueros o por unos ajetes tiernos.

Por supuesto, si no os gusta el picante, podéis prescindir de él.

MÁS SALUDABLE Para hacerlo más saludable aún, podéis utilizar arroz basmati integral que encontraréis en tiendas de dietética y herbolarios. En este caso, echad 2 vasos de agua en lugar de 1 y ½ y coced durante 40 minutos.

@ EN LA WEB Uno de mis arroces más conocidos es el «arroz con verduras y jamón al microondas», porque está muy rico y se prepara en un momento. Lo tenéis en www.isasaweis.com.

ALUBIAS CONDIMENTADAS

Las alubias no tienen por qué ser solo el plato principal de la comida, también pueden utilizarse como guarnición para acompañar a carnes o pescados. Son muy nutritivas y una gran opción para completar las comidas. Estas alubias condimentadas están muy ricas y se preparan además en cinco minutos al utilizar un bote de alubias cocidas.

INGREDIENTES

- 1 bote de alubias blancas cocidas
- 1 cebolleta
- La ralladura de ½ limón
- 1 manojo de perejil fresco
- 2 cucharadas de aceite de oliva
- ¼ de cucharadita de comino molido
- ½ cucharadita de pimentón
- Sal y pimienta negra

Lavamos muy bien y escurrimos las alubias. Las ponemos en un bol y agregamos la cebolleta cortada en juliana fina, la ralladura de limón, el perejil fresco picado, el pimentón, el comino molido, sal y pimienta al gusto. Mezclamos todo con movimientos envolventes.

Agregamos el aceite de oliva y mezclamos de nuevo.

Servimos como guarnición.

SUGERENCIA Funcionan muy bien con un filete de ternera o de lomo. Para acompañar a un pescado, las prepararía sin comino y con un poco más de pimentón.

SABÍAS QUE... Las alubias blancas son ricas en vitaminas del grupo B, y en minerales como el potasio, el fósforo y el hierro. Además son ricas en fibra soluble e insoluble, son saciantes, y unas buenas aliadas para mantener un peso saludable.

IDEA También con un bote pero esta vez de garbanzos cocidos, preparo otra guarnición muy fácil, que no es más que rehogarlos en una sartén con una cucharada de aceite de oliva y un poco de pimentón. A veces añado unos tacos de jamón serrano.

ENSALADA SUPERVITAMINA C

El tomate, el kiwi, el limón, el perejil y los berros son ricos en vitamina C, de ahí el nombre de esta ensalada que tiene un gran poder antioxidante. Es muy sencilla, pero la combinación de sabores es muy buena y acompaña muy bien a muchos platos.

INGREDIENTES

- 2 puñados de berros
- 2 kiwis
- 2 tomates
- 2 cucharadas de perejil fresco

PARA EL ALIÑO

- 3 cucharadas de aceite de oliva virgen
- 1 cucharada de zumo de limón
- Sal y pimienta negra

Para hacer el aliño, ponemos en un cuenco el aceite de oliva, el zumo de limón, sal y pimienta negra al gusto y batimos muy bien.

Lavamos los tomates y los cortamos en rodajas finas.

Pelamos los kiwis y los cortamos en rodajas.

Colocamos en un bol los berros, agregamos la mitad del aliño y removemos bien. Los disponemos en un plato como base.

Colocamos encima las rodajas de tomate y sobre ellas las rodajas de kiwi, y regamos con el resto del aliño. Espolvoreamos con un poco de pimienta negra recién molida y el perejil fresco picado, y servimos.

SUGERENCIA Va de maravilla con carnes, pescados o con un plato de legumbres. Es especialmente beneficiosa como acompañamiento de garbanzos, alubias o lentejas, ya que la vitamina C ayuda a fijar el hierro de las legumbres, que de otra manera es difícil de aprovechar por nuestro organismo.

SABÍAS QUÉ... El kiwi es una de las frutas más nutritivas que existen, y de las pocas que estando madura conserva el color verde que le otorga la clorofila. Tiene propiedades anticancerígenas y es una buena fuente de vitamina C y potasio.

VARIANTE Podéis utilizar canónigos en lugar de berros.

PASTELILLOS DE TOMATE Y MAÍZ CON SALSA DE YOGUR

¡Me encantan estos pastelillos de verduras! Suelo tener los ingredientes siempre en casa, y en cualquier momento me acuerdo de ellos y los preparo.

INGREDIENTES

- 500 g de tomates
- 1 lata de maíz pequeña
- 1 cebolleta
- 1 manojo de perejil fresco
- 2 huevos
- 3 cucharadas de harina integral
- Aceite de oliva virgen extra
- 1 cucharadita de orégano
- Sal y pimienta

PARA SERVIR

- Yogur desnatado natural para beber
- Ralladura de limón
- Una pizca de pimienta negra

Para hacer la salsa de yogur mezclamos en un cuenco el yogur natural para beber, ralladura de limón al gusto y una pizca de pimienta negra. Reservamos.

Picamos los tomates, la cebolleta y el perejil fresco, todo muy fino. Lo ponemos en un bol y agregamos los granos de maíz escurridos.

Añadimos los huevos batidos y condimentamos con el orégano, sal y pimienta negra. Removemos para mezclarlo todo.

Agregamos la harina integral y mezclamos todo con movimientos envolventes.

Ponemos una sartén antiadherente al fuego, que engrasaremos con un poco de aceite de oliva con ayuda de una toallita de papel, y cuando esté caliente, echamos un par de cucharadas de la mezcla separadas entre sí, y las aplanamos con el reverso de la cuchara. Dejamos que se hagan a fuego lento durante 3 minutos. Damos la vuelta con una espátula y dejamos que se doren por el otro lado.

Sacamos sobre papel absorbente y servimos acompañadas de la salsa de yogur.

NOTA Si al juntar los ingredientes la mezcla quedara demasiado ligera, podéis agregar un poco más de harina integral, ya que la consistencia varía en función del tipo de tomates que utilicéis.

VARIANTE Podéis sustituir el maíz por un trozo de pimiento rojo y pimiento verde que les dan mucho sabor, o por unos dados de calabacín para una versión más suave.

También podéis emplear harina de garbanzos en lugar de harina integral de trigo.

SUGERENCIA Me encantan como acompañamiento de una tortilla francesa o un huevo a la plancha. O simplemente servidos con una buena ensalada fresca.

ARROZ AL HORNO
CON CURRY Y PASAS

Agregar yogur al arroz es una idea de la cocina hindú. El yogur aporta cremosidad al arroz que se hace despacio en el horno. El curry y las pasas combinan de maravilla y le dan mucha gracia. Es ideal para acompañar a guisos de carne.

INGREDIENTES

- 1 vaso de arroz basmati
- 1 yogur natural desnatado
- 1 y ½ vasos de agua
- 4 cucharadas de uvas pasas
- 2 cucharaditas de curry
- Una pizca de nuez moscada
- Aceite de oliva virgen
- ½ cucharadita de sal
- Una pizca de pimienta negra

Lavamos bien el arroz bajo el chorro de agua fría y escurrimos.

Lo ponemos en un bol, agregamos el yogur y mezclamos bien. Incorporamos la uvas pasas, el curry, la sal, una pizca de pimienta y de nuez moscada, y el agua, y removemos todo.

Vertemos en un molde que tendremos engrasado con un poco de aceite de oliva, y metemos al horno precalentado a 190° con calor arriba y abajo durante 40 minutos.

Servimos como guarnición.

SUGERENCIA Acompaña muy bien a platos de huevos y carnes, y es un plato único perfecto si lo servimos con garbanzos guisados o simplemente salteados.

MÁS SALUDABLE Para hacerlo más saludable aún, podéis utilizar arroz basmati integral que encontraréis en tiendas de dietética y herbolarios. En este caso, echad 2 vasos de agua en lugar de 1 y ½ y coced durante unos 50 minutos.

VARIANTE También se puede hacer en el microondas, cociéndolo a máxima potencia durante 15 o 20 minutos, en función de la potencia del microondas.

ENSALADA COLESLAW LIGERA

En esta versión ligera de la ensalada coleslaw utilizamos un aliño a base de yogur natural y mostaza, en lugar del original que se elabora con mayonesa y nata. Resulta una ensalada ligera y está muy sabrosa. Es el acompañamiento perfecto para asados de carne.

INGREDIENTES

- ½ col pequeña
- 1 zanahoria
- 1 manzana golden

PARA LA SALSA

- 1 yogur natural desnatado
- 1 cucharada de mostaza
- 1 cucharada de vinagre
- 1 cucharadita de miel artesanal o sirope de agave
- Sal y pimienta negra

Pelamos la zanahoria y la manzana y retiramos la primera capa de la col.

Con ayuda de una mandolina a ser posible, y si no con un cuchillo bien afilado, cortamos la col, la zanahoria y la manzana en juliana muy fina.

Ponemos todos los ingredientes de la salsa en un cuenco y mezclamos muy bien. Probamos y rectificamos a nuestro gusto.

Echamos la col, la manzana y la zanahoria ralladas en un bol, agregamos la salsa, y removemos bien, aplastando un poco contra las paredes del bol, para que los ingredientes suelten su jugo. Tapamos y reservamos en la nevera durante 2 horas como mínimo.

Servimos fresca.

SUGERENCIA Ideal para acompañar un solomillo u otra carne con mucho sabor. Perfecta también con alubias, y sobre todo con garbanzos.

VARIANTE Algunas versiones de esta ensalada llevan col lombarda y piña.

EN LA WEB En www.isasaweis.com he compartido con vosotros algunas recetas de ensaladas que me gustan mucho también como la «ensalada griega de patata», la «ensalada campera», la «ensalada de pollo y piña» o la ¡auténtica «ensalada china»!

PANES, TORTILLAS Y CREPES

Los panes hechos con harinas integrales, con frutos secos o con semillas son un alimento estupendo que aporta nutrientes y complementa muy bien una comida. En ocasiones, nos venden como pan integral lo que en realidad es un pan hecho con harina blanca al que le añaden salvado para volverlo un poco más marrón. Y esto de pan integral tiene poco más que el color... No obstante, podemos comprar pan integral de verdad en muchas panaderías, o también hacerlo nosotros. Hacer pan en casa es muy fácil y de las cosas más satisfactorias que hay en la cocina. En esta sección os enseño a preparar varios panes saludables diferentes y os propongo ideas para acompañarlos.

CREPES INTEGRALES PARA RELLENAR

Estos crepes integrales son una opción fácil y rápida para improvisar una comida saludable. Os doy varias ideas de rellenos, pero podéis hacer muchas más a vuestro gusto, porque van bien con todo. Además son estupendos como comida para llevar.

INGREDIENTES

- 100 g de harina de trigo integral
- 1 huevo
- ¼ de cucharadita de sal
- 300 ml de leche desnatada
- Aceite de oliva virgen

Echamos en un cuenco el huevo y la sal y lo batimos.

Ponemos la harina en un bol, hacemos un hoyo en el centro y vertemos el huevo batido.

Agregamos despacio la leche, mientras vamos removiendo con unas varillas hasta obtener una crema ligera. Si tenemos tiempo, dejamos reposar durante 30 minutos.

Engrasamos una sartén antiadherente con un poco de aceite de oliva con ayuda de una toallita de papel, y cuando esté caliente vertemos un cucharón de la mezcla, inclinando la sartén para cubrir todo el fondo con una capa fina. Cocinamos a fuego medio durante un par de minutos, damos la vuelta y cocinamos durante un minuto más.

Sacamos a un plato, cubrimos con un paño limpio y continuamos con el resto de la mezcla.

VARIANTE Si se prefiere, se pueden sustituir los 300 ml de leche por 300 ml agua, o bien utilizar 150 ml de leche y 150 ml de agua.

IDEAS DE RELLENOS PARA LOS CREPES

Una vez hechas los crepes, podemos convertirlas en un plato completo y saludable en pocos minutos preparando cualquiera de estos rellenos:

RELLENO DE SETAS CON JAMÓN

En una sartén con un poco de aceite de oliva salteamos unas setas con un ajo picado y un poco de sal. Cuando estén doradas, agregamos unas lonchas de jamón serrano troceado, removemos y apartamos del fuego. Rellenamos el crep con rúcula o canónigos y el sofrito de setas con jamón.

RELLENO DE ESPINACAS CON HUEVO A LA PLANCHA

En una sartén con un poco de aceite de oliva salteamos unas espinacas con un ajo picado y un poco de sal. Cuando estén pochadas, retiramos y reservamos.
Hacemos un huevo a la plancha en una sartén antiadherente y rellenamos el crep con las espinacas y el huevo a la plancha.

RELLENO DE TIRAS DE POLLO CON HUMMUS

En una sartén engrasada con aceite de oliva, hacemos a la plancha dos filetes de pechuga de pollo que habremos salpimentado. Cuando estén dorados, sacamos y cortamos en tiras. Rellenamos el crep con lechuga, tiras de pechuga de pollo y dos cucharadas de hummus (ver receta pág 199).

RELLENO DE PECHUGA DE POLLO CON GUACAMOLE

En una sartén engrasada con aceite de oliva, hacemos a la plancha dos filetes de pechuga de pollo que habremos salpimentado. Cuando estén dorados, sacamos. Rellenamos el crep con una hoja de lechuga, dos rodajas de tomate, los filetes de pollo y una cucharada de guacamole (ver receta pág 207).

RELLENO DE HUEVOS REVUELTOS CON SALMÓN AHUMADO

En una sartén engrasada con un poco de aceite de oliva, echamos dos huevos que habremos batido con un chorro de leche, sal y pimienta. Removemos suavemente a fuego bajo, para que se vayan cuajando. Rellenamos el crep con los huevos revueltos, un par de lonchas de salmón ahumado y un poco de cebollino fresco picado.

CREPES DE ESPINACAS

Una opción de crepes un poco más original, con el sabor, la suavidad y los nutrientes que le aportan las espinacas. Os dejo algunos rellenos con los que combinan de maravilla.

INGREDIENTES

- 100 g de harina de trigo integral
- 5 cucharadas de leche desnatada
- 1 yogur natural desnatado
- 1 huevo
- 150 g de espinacas congeladas
- 1 cucharada de aceite de oliva virgen
- Nuez moscada
- Sal y pimienta negra

Dejamos descongelar las espinacas, las escurrimos, las ponemos en el vaso de la batidora y trituramos.

En un cuenco batimos el huevo con la leche, el yogur, el aceite, un poco de sal, pimienta negra y nuez moscada.

Ponemos la harina en otro bol, hacemos un hoyo en el centro y vertemos la mezcla de huevo y yogur y las espinacas trituradas. Removemos con unas varillas hasta obtener una crema homogénea. Si es posible, dejamos reposar durante 30 minutos.

Engrasamos una sartén antiadherente con un poco de aceite de oliva con ayuda de una toallita de papel, y cuando esté caliente vertemos un cucharón de la mezcla, inclinando la sartén para cubrir todo el fondo con una capa fina. Cocinamos a fuego medio durante un par de minutos, damos la vuelta y cocinamos un minuto más.

Sacamos a un plato, cubrimos con un paño limpio y continuamos con el resto de la mezcla.

SABÍAS QUE... Las espinacas son una buena fuente de folato y vitamina E. Además están relacionados con un menor riesgo de padecer degeneración macular, principal causa de ceguera en Occidente, y el cáncer de colon.

IDEAS DE RELLENOS PARA LOS CREPES

- Combinan de maravilla con el relleno de setas con jamón o los huevos revueltos son salmón ahumado.

- Los huevos a la plancha o escalfados, con hojas de lechuga en este caso, también son una buena combinación.

- Así como cremas o rellenos que lleven quesos, desde frescos hasta azules, y frutos secos como las nueces, los piñones o las avellanas.

TORTILLAS DE TRIGO INTEGRALES

Las tortillas de trigo que encontramos en los supermercados habitualmente tienen grasas hidrogenadas y otro tipo de ingredientes que podemos evitar si las hacemos en casa, donde solo utilizaremos harina integral, aceite de oliva, agua y sal. Podéis utilizarlas simplemente para completar una comida como acompañamiento, o por ejemplo como os propongo para hacer una especie de pizzas saludables.

INGREDIENTES

- 250 g de harina de trigo integral
- 150 ml de agua, aproximadamente
- 1 cucharada de aceite de oliva virgen
- ¼ de cucharadita de sal

En un bol ponemos la harina con la sal y mezclamos. Añadimos el aceite de oliva y agregamos el agua poco a poco, removiendo. Amasamos hasta obtener una masa manejable. Si quedara pegajosa agregamos un poco más de harina, y si quedara muy seca, un poco más de agua.

Dividimos la masa en ocho bolas y dejamos reposar durante 10 minutos.

Estiramos cada una con ayuda de un rodillo, formando un círculo y dejándolo lo más fino posible.

Calentamos una sartén antiadherente grande sin nada de materia grasa y asamos cada tortilla durante un par de minutos por cada lado, dándoles la vuelta para dorarlas por ambos lados.

PROPUESTA DE PIZZA RÁPIDA Y SALUDABLE

Podemos rellenar estas tortillas para comerlas enrolladas, con alguno de los rellenos que os indico para los crepes o cualquier otra combinación que se nos ocurra.

Pero también puede ser la base de una especie de pizza saludable. Una vez hecha la tortilla, la cubrimos con una cucharada de salsa de tomate frito, si es casera mejor, y la extendemos bien. Disponemos por encima los ingredientes elegidos y metemos al horno precalentado a 220° con calor arriba y abajo hasta que esté dorada.

PIZZA MARGARITA

Distribuimos por encima una bola de mozzarella fresca que desmigaremos con las manos, un poco de queso rallado bajo en grasa y un poco de orégano. Horneamos. Al sacar del horno espolvoreamos con unas hojas de albahaca fresca.

PIZZA DE JAMÓN SERRANO Y TOMATE NATURAL

Colocamos encima unas rodajas de tomate natural, unas lonchas de jamón serrano y un poco de orégano. Horneamos. Al sacar del horno espolvoreamos con unas hojas de rúcula fresca.

PIZZA NAPOLITANA

Disponemos por encima unos filetes de anchoa, unas aceitunas negras sin hueso, unas alcaparras, un poco de queso rallado bajo en grasa y un poco de orégano. Horneamos.

PIZZA VEGETAL

Distribuimos por encima cebolla morada cortada a pluma fina, champiñones laminados, pimientos rojo y verde cortados en juliana fina, unas rodajas de calabacín, un poco de queso rallado bajo en grasa y orégano. Horneamos.

PIZZA TROPICAL

Colocamos por encima unos trozos de piña en su jugo, jamón cocido picado, atún desmigado, un poco de queso rallado bajo en grasa y un poco de orégano. Horneamos.

TORTILLAS DE MAÍZ INTEGRALES

Estas tortillas típicas de la cocina mexicana son muy versátiles, y podemos hacer comidas muy saludables con ellas. Además, encontrar tortillas de maíz que solo estén hechas de harina de maíz integral, agua y sal no es fácil, y hacerlas en casa es tan sencillo y resultan tan sabrosas que merece la pena ponerse manos a la obra. Preparad el sombrero mexicano porque ¡las vais a hacer muchas veces!

INGREDIENTES

- 250 g de harina de maíz integral
- 150 ml de agua, aproximadamente
- ¼ de cucharadita de sal

En un bol ponemos la harina con la sal y mezclamos. Añadimos el agua poco a poco, removiendo. Amasamos hasta obtener una masa manejable. Si quedara pegajosa agregamos un poco más de harina, y si quedara muy seca, un poco más de agua.

Dividimos la masa en ocho bolas y colocamos cada una entre dos trozos de papel film. Hacemos rodar el rodillo presionando sobre el papel film, para estirar bien la masa formando un círculo y dejándolo lo más fino posible.

Calentamos una sartén antiadherente sin nada de materia grasa y asamos cada tortilla durante un par de minutos, dorándola por ambos lados.

NOTA La masa de maíz a veces se trabaja mal, según la harina que utilicéis. Si se os parten las tortitas al formarlas, agregar a la masa un poco de harina de trigo.

IDEAS DE RECETAS

NACHOS CASEROS

Para hacer nachos caseros, una vez hechas las tortillas, cortamos cada una en 8 triángulos. Los colocamos separados sobre la bandeja del horno forrada con papel vegetal y los metemos al horno precalentado a 200° con calor arriba y abajo durante 5 o 10 minutos, hasta que estén dorados.
Si se desea, se pueden pincelar con un poco de aceite de oliva antes de hornear.
Servimos con salsas de tomate picante, pico de gallo o guacamole, para mojar.

CHILAQUILES

Hacemos unos nachos caseros y los disponemos en una fuente.
Hacemos una salsa de pico de gallo, mezclando en un bol dos tomates y una cebolleta picada en dados pequeños. Añadimos un manojo de cilantro fresco picado fino, dos cucharadas de aceite de oliva virgen, un poco de zumo de lima o de limón y una pizca de sal, y mezclamos.
Echamos la salsa de pico de gallo por encima de los nachos, espolvoreamos con un poco de queso rallado bajo en grasa y metemos al horno bajo el grill hasta que el queso se haya fundido y esté dorado.

QUESADILLAS

Rellenamos las tortillas con tres o cuatro cucharadas de salsa de pico de gallo. Espolvoreamos con un poco de queso rallado bajo en grasa y doblamos por la mitad. Calentamos en una sartén antiadherente sin nada de materia grasa hasta que el queso se haya deshecho.

BURRITOS O TACOS

Rehogamos en una sartén con un poco de aceite de oliva una cebolla y un ajo picados. Cuando esté bien pochado agregamos carne picada, un poco de comino, sal y pimienta a nuestro gusto, y sofreímos hasta que cambie de color.
Para hacer los burritos, rellenamos las tortillas con la carne, un poco de salsa de pico de gallo, o unas rodajas de tomate y unas hojas de lechuga, una cucharada de guacamole y si queremos, un poco de queso rallado bajo en grasa, y enrollamos.
Para hacer tacos crujientes, una vez rellenas, doblamos las tortillas por la mitad, las colocamos seguidas en una fuente pequeña con la abertura hacia arriba, para que no pierdan la forma, y horneamos a 200° con calor arriba y abajo durante 20 minutos hasta que estén doradas.
Si se desea, se puede añadir a la mezcla unos frijoles en conserva.

PAN INTEGRAL DE YOGUR A LA PLANCHA

Este pan se prepara en un momento y es ideal para completar una comida rica en proteínas y vegetales. Que habéis hecho para comer un pollo guisado, o un pescado al horno, o unos garbanzos con verduras, y queréis completar la comida… harina integral, levadura en polvo, un yogur y sal, y tenemos en unos minutos un estupendo pan integral para acompañar. ¡A mí me encanta para mojar en el hummus de garbanzos!

INGREDIENTES

- 180 g de harina integral
- ¼ de cucharadita de levadura en polvo
- ¼ de cucharadita de sal
- 1 yogur natural desnatado

Ponemos en un bol la harina integral, la levadura y la sal y mezclamos. Agregamos el yogur y removemos hasta obtener una masa manejable. Si queda demasiado seca, agregamos un poco más de yogur, y si queda algo pegajosa, un poco más de harina integral.

Espolvoreamos harina integral sobre la mesa, echamos la masa y amasamos durante un minuto. La dividimos en seis porciones y estiramos cada una con ayuda de un rodillo, formando un círculo y dejándolo lo más fino posible.

Calentamos una sartén antiadherente sin nada de materia grasa y asamos cada pan durante 2 o 3 minutos por cada lado, dándole la vuelta para dorarlo por ambos lados.

SUGERENCIA La masa se puede congelar o conservar en la nevera tapada durante un par de días.

PAN INTEGRAL MULTISEMILLAS PARA PRINCIPIANTES

El pan para principiantes lo publiqué hace tiempo, y es un éxito por lo fácil y resultón que es. Esta versión con harina integral y semillas variadas lo convierte en más saludable y nutritivo. ¡Nunca os hubierais imaginado que hacer un señor pan en casa fuera tan fácil!

INGREDIENTES

- 175 ml de agua
- 1 sobre de levadura liofilizada o 25 g de levadura fresca
- 280 g de harina integral
- 1 cucharada de aceite de oliva virgen
- 1 cucharadita de sal

MEZCLA DE SEMILLAS

- 1 cucharada rasa de semillas de sésamo
- 1 cucharada rasa de semillas de lino
- 1 cucharada rasa de semillas de amapola
- 3 cucharadas de pipas de girasol

En un cuenco mezclamos bien todas las semillas y reservamos.

Ponemos en un bol el agua y el aceite y lo calentamos en el microondas durante 10 segundos solo para templarlo. Agregamos la levadura al agua con el aceite y removemos con una cuchara para disolverla. Incorporamos la harina, que haremos pasar a través de un colador para tamizarla. Agregamos también el salvado que quede en el colador, la sal y la mezcla de semillas, reservando unas pocas para espolvorear por encima del pan. Removemos hasta que esté todo bien integrado.

Espolvoreamos la mesa con un poco de harina, volcamos la masa y con ayuda de las manos le damos forma redonda u ovalada. Si queda muy pegajosa, agregamos un poco más de harina. Si queda muy seca y se formaran grietas, añadimos un poquito más de agua.

Engrasamos con aceite de oliva y ayuda de una toallita de papel un molde de cristal con tapa que pueda ir al horno, y ponemos el pan dentro. Hacemos unas incisiones en la superficie con un cuchillo bien afilado, pincelamos con un poco de aceite y espolvoreamos por encima las semillas que habíamos reservado. Tapamos y metemos al horno que estará apagado. Ponemos a 220° con calor arriba y abajo y dejamos durante 45 o 50 minutos hasta que la superficie esté dorada. Sacamos, destapamos con cuidado de no quemarnos con el vapor que sale y dejamos enfriar completamente sobre una rejilla.

SUGERENCIA Para comprobar que el pan está hecho, cuando lo saquemos del horno, damos unos golpes con la mano en la base del pan y ha de sonar hueco. Si no es así, lo metemos al horno durante 5 minutos más.

IDEA Para ahorrar tiempo y aprovechar que enciendes el horno, puedes hornear dos panes a la vez. Yo lo suelo hacer, una vez fríos los corto en rodajas, los meto en una bolsa y los congelo. Cuando quiero una rebanada de pan, la saco del congelador y la caliento en una sartén o en el tostador, y queda riquísima.

IDEA DE CRUTONES

Cortamos dos o tres rebanadas de pan multisemillas en dados pequeños y las tostamos en una sartén sin nada de materia grasa o en el horno a 220° hasta que estén doradas.

IDEAS DE TOSTAS

Tostamos unas rebanadas de pan multisemillas en la sartén o en el tostador.

TOSTA DE QUESO COTTAGE, JAMÓN SERRANO E HIGOS

Untamos el pan con una capa de queso cottage, disponemos encima una loncha de jamón serrano y dos rodajas de higo fresco o seco, y servimos.

TOSTA DE MOZZARELLA FRESCA CON TOMATE Y ALBAHACA

Disponemos encima del pan dos rodajas de tomate natural, dos lonchas de mozzarella fresca, una hojas de albahaca y un hilo de aceite de oliva virgen.

TOSTA DE AGUACATE CON ANCHOAS

Disponemos encima del pan dos rebanadas de aguacate, espolvoreamos un poco de pimienta negra y colocamos dos filetes de anchoa.

TOSTA DE ESPINACAS CON HUEVO A LA PLANCHA

Disponemos encima del pan tres o cuatro hojas de espinacas baby, un huevo a la plancha y un poco de pimienta.

TOSTA DE RICOTTA CON NUECES

Disponemos encima del pan el queso ricotta, unas nueces tostadas y regamos con un hilo de miel artesanal.

CENAS RÁPIDAS Y LIGERAS

Las recetas que os presento en esta sección son platos que preparamos habitualmente en casa para cenar. También pueden formar parte de una comida, completando con algún plato más, pero las recopilo aquí así, porque me parecen una opción ideal para las cenas. Son rápidas de preparar, lo que es estupendo porque muchas veces llegamos al final del día sin ganas de complicarnos mucho. Y son ligeras, ideal para hacer una buena digestión antes de irnos a la cama.

CALABAPIZZA

¡Mi famosísimo calabapizza no podía faltar! Lo bauticé así porque la mezcla del atún, el tomate y el orégano nos recuerda al sabor de la pizza. Cuantísimas noches me hago esto para cenar, y es que ¡me encanta! Llego a casa, directamente entro en la cocina, saco un bol, pico los calabacines, añado el resto de los ingredientes y lo meto al microondas. Tengo 20 minutos para quitarme la ropa, ponerme una coleta, desmaquillarme si es el caso, echarme crema, ponerme el pijama... y cuando entro de nuevo en la cocina, pi, pi, piiiii, ¡tengo la cena hecha! ¡Y me sabe a gloria!

INGREDIENTES

- 2 calabacines
- 6 cucharadas de salsa de tomate o tomate frito
- 1 lata de atún al natural
- 2 cucharaditas de orégano seco
- 2 cucharadas de queso rallado bajo en grasa (opcional)

Lavamos los calabacines y los cortamos en trozos de bocado. Lo echamos en un recipiente que pueda ir al microondas.

Distribuimos por encima la salsa de tomate, el atún desmigado, el queso si se desea y una cucharadita de orégano. Tapamos con la tapa del recipiente o con papel film apto para microondas al que haremos unos agujeros en la superficie, y metemos al microondas a máxima potencia durante 20 minutos.

Sacamos del microondas, destapamos con mucho cuidado de no quemarnos con el vapor que sale, espolvoreamos otra cucharadita de orégano por encima. Servimos.

NOTA Según la potencia del microondas puede variar ligeramente el tiempo de cocción, estando normalmente entre 15 y 20 minutos. La primera vez que lo hagáis podéis ponerlo 15 minutos, abrir la puerta y comprobar si ya está. Si no estuviera, ponedlo un par de minutos más, y así hasta que esté hecho. Tomáis nota del tiempo que os llevó en vuestro microondas y ya lo sabréis para ponerlo directamente las próximas veces.

IDEA Siempre que es temporada procuro tener algún calabacín en la nevera. Es una verdura muy rica y muy fácil de preparar. Con patata, cebolla o zanahoria, combina de maravilla para hacer una crema de verduras y además aporta una textura muy cremosa. Otras veces, simplemente lo corto en rodajas y lo hago a la plancha sobre una sartén bien caliente pincelada con aceite de oliva, y es una guarnición ideal de carnes o pescados.

VARIANTE Podéis sustituir el atún por jamón cocido o pavo picado, y añadir muchos otros ingredientes como aceitunas negras, anchoas, quesitos, cebolla, champiñones...

PASTEL CALIENTE DE MERLUZA Y GAMBAS

Este pastel caliente queda muy sabroso y se convierte en una cena estupenda sin más que acompañarlo de un trozo de pan integral. A veces lo hago con gambas y otras solo con merluza, y de ambas formas nos encanta.

INGREDIENTES

- 400 g de merluza congelada
- 100 g de gambas peladas congeladas
- 1 cebolla
- 1 diente de ajo
- 4 huevos
- 2 cucharadas de aceite de oliva virgen
- Orégano
- Sal y pimienta negra

Ponemos una sartén al fuego con el aceite de oliva, y cuando esté bien caliente, agregamos la cebolla y el ajo picados muy finos y rehogamos hasta que la cebolla esté dorada.

Añadimos el pescado descongelado y desmenuzado, las gambas descongeladas y enteras, un poco de orégano, sal y pimienta al gusto, y removemos hasta que el pescado cambie de color.

En un bol, batimos los huevos y echamos el contenido de la sartén. Mezclamos bien y vertemos en un molde que tendremos engrasado con un poco de aceite de oliva. Metemos al horno precalentado a 200° con calor arriba y abajo durante 20 minutos hasta que esté cuajado y la superficie dorada. Sacamos del horno y servimos.

VARIANTE Si lo preferís, podéis suprimir las gambas y utilizar entonces 500 g de merluza.

También podéis sustituir el orégano por perejil o tomillo.

IDEA Para una versión más rápida, en lugar de freír la cebolla, podemos utilizar una lata de cebolla frita, calentarla en una sartén y agregar el ajo y la merluza.

CAZUELA DE HUEVOS
CON SALSA DE TOMATE Y MOZZARELLA

Me encanta hacer esta cena por lo rica que es y lo apetecible que resulta servida así en las cazuelitas de barro. Un currusquín de pan integral para acompañar y no se necesita nada más para disfrutar en la mesa. ¡Que aproveche!

INGREDIENTES

- 6 tomates troceados
- 1 cebolla
- 4 huevos
- 1 bola de mozzarella fresca
- ½ cucharadita de albahaca
- 1 cucharada de aceite de oliva
- Orégano
- Sal y pimienta negra

Ponemos una sartén al fuego con el aceite de oliva, y cuando esté bien caliente, agregamos la cebolla picada muy fina y rehogamos hasta que esté dorada.

Echamos los tomates troceados y cocinamos durante 10 minutos.

Condimentamos con la albahaca, sal y pimienta a nuestro gusto, removemos y repartimos en el fondo de dos cazuelas de barro. Cascamos dos huevos en cada cazuela poniendo una pizca de sal en cada yema, si se desea, y distribuimos la mozzarella fresca desmigada por encima, sin cubrir las yemas.

Metemos al horno precalentado a 200° con calor arriba y abajo durante 10 minutos. Ponemos a gratinar durante 2 o 3 minutos para que se dore la superficie.

Sacamos, espolvoreamos un poco de orégano por encima y servimos en seguida.

IDEA Para una versión más rápida aún, en lugar de hacer la salsa de tomate, podemos utilizar un frasco de tomate frito o de pisto, si se prefiere. Yo procuro tener siempre algún frasco en la despensa que lleve solo ingredientes saludables.

VARIANTE Podéis agregar a la sartén a la vez que los tomates un puñado de guisantes congelados.

SALMÓN MARINADO
CON SOJA, MIEL Y SÉSAMO

En casa comemos salmón prácticamente todas las semanas. Lo solemos hacer a la plancha, acompañado de alguna verdura y con mostaza Dijon, que es una salsa ideal para el salmón. A veces me apetece hacerlo diferente, un poco más especial, y lo preparo así. Con el toque dulce y el sabor de la salsa de soja y las semillas, es un plato delicioso.

INGREDIENTES

- 2 lomos de salmón
- 1 cucharada de miel artesanal
- 4 cucharadas de salsa de soja
- 2 cucharaditas de semillas de sésamo
- 2 cucharadas de aceite de oliva virgen
- ¼ de cucharadita de pimienta negra

Echamos en un recipiente la miel, la salsa de soja, las semillas de sésamo, el aceite de oliva y la pimienta negra y mezclamos todo.

Introducimos los lomos de salmón, y damos unas vueltas para impregnarlos bien en el marinado. Tapamos y reservamos en la nevera un mínimo de una hora. Se puede incluso preparar por la mañana y dejar unas cuantas horas en la nevera para que coja más sabor.

Ponemos una sartén antiadherente al fuego sin nada de materia grasa, y cuando esté caliente, ponemos el salmón por uno de los lados. Dejamos durante un par de minutos, damos la vuelta y doramos otro par de minutos por el otro lado.

SUGERENCIA Acompañad con alguna verdura o ensalada. A nosotros nos gusta especialmente con trigueros a la plancha o con una ensalada de encurtidos.

MÁS SALUDABLE Para hacerlo más saludable aún, utilizad sirope de agave en lugar de miel.

MONTADITO DE QUESO, AGUACATE Y SALMÓN AHUMADO

Este montadito no es más que una forma bonita de presentar una ensalada, pero es muy importante cuidar también la presentación de los platos. No es lo mismo sentarnos ante un batiburrillo de ingredientes mezclados en un plato que hacerlo ante un bonito montadito.

INGREDIENTES

- 6 lonchas de queso fresco bajo en grasa de ½ cm de grosor
- 8 lonchas de salmón ahumado
- 2 tomates
- 1 aguacate
- Unas hojas de rúcula
- 2 cucharadas de aceite de oliva virgen extra
- Zumo de limón
- Sal y pimienta

Ponemos las lonchas de salmón ahumado en un plato, aliñamos con una cucharada de aceite de oliva, unas gotas de zumo de limón, sal y pimienta negra recién molida, removemos y dejamos reposar mientras preparamos el resto de los ingredientes.

Pelamos y cortamos el aguacate en lonchas finas. Regamos con unas gotas de zumo de limón y reservamos.

Cortamos los tomates en rodajas finas.

Para hacer un montadito, colocamos una loncha de queso fresco en un plato, disponemos encima un par de rodajas finas de tomate, unas hojas de rúcula, un par de lonchas finas de aguacate y una par de trozos de salmón. Cubrimos con otra loncha de queso fresco y repetimos el proceso. Finalmente, tapamos todo con la tercera loncha de queso fresco, regamos con un hilo de aceite de oliva, echamos un poco de pimienta negra recién molida, y servimos.

VARIANTE Se puede hacer igual sustituyendo el salmón ahumado por jamón serrano. En este caso no habría que marinarlo.

NOTA Con estas cantidades da para hacer dos montaditos.

ROLLITO DE POLLO CON HUEVO COCIDO Y ACEITUNAS

¡Estos rollitos son todo un invento! Os propongo una combinación que hago mucho, pero podéis añadir casi cualquier ingrediente a vuestro gusto, picarlo todo, darle forma y cocer, y preparar esta especie de pastel de carne tan apañado.

INGREDIENTES

- 300 g de carne de pollo picada
- 3 lonchas de jamón cocido
- 50 g de tacos de jamón serrano
- 8 aceitunas negras sin hueso
- 1 huevo cocido
- 1 huevo crudo
- 1 cucharadita de mostaza
- ¼ de cucharadita de sal
- ¼ de cucharadita de pimienta negra

Ponemos en un bol la carne de pollo, las lonchas de jamón cocido troceadas, los tacos de jamón serrano, las aceitunas negras picadas, el huevo cocido picado, el huevo crudo, la mostaza, la sal y la pimienta negra, y mezclamos.

Disponemos la mezcla sobre un cuadrado de papel film, cerramos dando forma de rollo, y enrollamos como un caramelo, retorciendo los extremos y apretando bien.

Ponemos una cazuela con agua al fuego, y cuando comience a hervir, colocamos encima una vaporera de bambú o un colador. Ponemos el rollo encima, tapamos y cocinamos al vapor durante 30 minutos.

Apartamos del fuego, sacamos el rollo y lo dejamos entibiar. Desenrollamos con cuidado, retiramos el papel film y cortamos en rodajas.

SUGERENCIA Podéis prepararlo con antelación, porque una vez hecho, se puede reservar en la nevera sin desenvolver, perfectamente hasta el día siguiente.

Se puede servir caliente o frío, acompañado con alguna verdura a la plancha o con ensalada.

La carne de pollo podéis comprarla picada. Pedid al carnicero que os pique la pieza que queráis, o bien picadla en casa. Si no tenéis picadora, con un poco de tiempo y paciencia podéis picarla a cuchillo.

IDEA Podemos acompañar con alguna salsa saludable. Yo hago muchas veces un aliño de yogur, que va muy bien con muchos platos.

Aliño de yogur: 1 yogur natural desnatado, 1 cucharadita de mostaza Dijon, 1 cucharadita de miel o sirope de agave, 1 cucharadita de aceite de oliva virgen y ½ cucharadita de orégano. Mezclamos bien y servimos para acompañar pollo, pescado, verduras a la plancha o como aliño de ensaladas.

VARIANTE Se pueden añadir multitud de ingredientes para hacer diferentes versiones: aceitunas verdes sin hueso, pimientos de piquillo, anchoas, trufa, queso o incluso frutos secos como los pistachos... Se pican y echan en la mezcla.

También se puede cocinar, si se prefiere, en el microondas o cocido en agua hirviendo. En estos casos bastará con 10 o 15 minutos de cocinado.

@ EN LA WEB En www.isasaweis.com tenéis un pastel de carne con tortilla de patata, que para esos días especiales, no os podéis perder.

POLLO A LA PARMIGIANA

Otra cena rápida, que no tiene más trabajo que montar los ingredientes y esperar a que se haga en el horno. Y otra vez la combinación de tomate, queso y orégano que no falla. Esta vez, con berenjena y pollo, para ese aporte de proteína y fibra que lo hace un plato completo.

INGREDIENTES

- 4 filetes de pechuga de pollo
- 1 berenjena
- 4 cucharadas de salsa de tomate o tomate frito
- 1 bola de mozzarella fresca
- 1 cucharada de queso parmesano
- Albahaca
- Orégano
- Sal y pimienta negra

Lavamos y retiramos toda la grasa visible de las pechugas de pollo. Salpimentamos y reservamos.

Cortamos tanto la berenjena como la bola de mozzarella, en rodajas finas.

Sobre la bandeja del horno forrada con papel vegetal hacemos cuatro montaditos. Empezamos cada uno poniendo dos rodajas de berenjena un poco solapadas para hacer la base. Cubrimos con una cucharada de salsa de tomate o tomate frito y espolvoreamos con un poco de albahaca. Colocamos encima un filete de pechuga de pollo, sobre él la cuarta parte de la bola de mozzarella fresca y espolvoreamos finalmente con un poco de queso parmesano.

Una vez hechos los cuatro montaditos, metemos la bandeja al horno precalentado a 180° con calor arriba y abajo durante 25 minutos, o hasta que la superficie esté dorada.

Sacamos, espolvoreamos con un poco de orégano y servimos.

IDEA Podéis convertir este plato en un riquísimo y saludable bocadillo. Es muy cómodo tener en casa pan de pita integral, que podéis encontrar en las tiendas hecho tan solo con harina integral, agua, levadura y sal. Un truco para que quede con una textura como de pan recién hecho es humedecerlo con un poco de agua por ambas caras y meterlo en el tostador durante un minuto o tostarlo en una sartén, vuelta y vuelta. Lo abrís, metéis dentro el montadito de pollo a la parmigiana, y ya tenéis una comida estupenda incluso para llevar. ¡No os olvidéis del postre!

VARIANTE Podéis poner un par de anchoas en cada montadito, sobre la mozzarella.

EN LA WEB En www.isasaweis.com tenéis la receta de las deliciosísimas pechugas mozárabes. Esa receta debería estar en este libro, por sabrosa, completa, deliciosa y saludable, pero ya está también recogida en mi otro libro de cocina, *La cocina de isasaweis*, y no quería repetirla de nuevo. Así que ya sabéis, id a la web o mirad en el otro libro, pero incluidla dentro de vuestro repertorio de recetas saludables, porque es una receta de diez.

CAZUELITAS DE BERENJENA CON JAMÓN Y QUESO

¡Nos chiflan estas cazuelitas! De verdad que tenéis que probarlas. Es un plato muy sencillo, de esos que digo yo «para cenas rápidas», porque no es más que montarlo y esperar a que se haga mientras dejamos las cosas y nos cambiamos de ropa, pero que os va a gustar tanto que también os salvará muchas comidas. Ale, ¡a la tienda a por berenjenas!

INGREDIENTES

- 1 berenjena grande
- 8 lonchas de jamón cocido
- 4 lonchas de queso bajo en grasa
- 2 puñados de queso mozzarella rallado
- ½ cucharadita de ajo en polvo (opcional)
- ½ cucharadita de aceite de oliva virgen
- 2 cucharaditas colmadas de orégano

Engrasamos con el aceite de oliva dos cazuelas de barro o dos moldes redondos de tamaño medio, con ayuda de una toallita.

Cortamos la berenjena en rodajas lo más finas posible, con una mandolina o con un cuchillo afilado, y las secamos apretándolas un poco entre dos toallitas de papel de cocina.

Partimos las lonchas de queso a la mitad y reservamos.

Ponemos en el fondo de cada cazuela una capa de cuatro o cinco rodajas de berenjena. Cubrimos con dos lonchas de jamón cocido y encima ponemos dos mitades de loncha de queso un poco separadas. Cubrimos con otra capa de rodajas de berenjena, otra capa de jamón cocido y otra de queso. Finalizamos con una última capa de rodajas de berenjena, espolvoreamos por encima la mozzarella rallada, el orégano y el ajo en polvo si se desea y metemos al horno precalentado a 225° con calor arriba y abajo durante 25 minutos.

Cuando lleve 15 minutos, abrimos el horno, cubrimos con un trozo de papel de aluminio y continuamos la cocción.

Apagamos el horno y dejamos reposar dentro durante 20 minutos. Sacamos y servimos.

NOTA Con estas cantidades da para dos cazuelitas. Yo acostumbro a hacerlo así en cazuelitas de barro, pero por supuesto podéis hacerlo todo junto en un solo molde de cualquier material que pueda ir al horno.

SUGERENCIA Se puede comer caliente o tibio, pero yo os aconsejo que lo sirváis tibio. Dejadlo reposar 30 minutos una vez fuera del horno y ¡veréis qué cosa más rica!

LANGOSTINOS AL HORNO CON MAJADO

No se os ocurra poner esta bandeja de langostinos en la mesa sin un trocito de un buen pan rústico. Están riquísimos, y la salsa que sueltan es el propio jugo de los langostinos mezclado con los aromas de todos los ingredientes y solo un poco de aceite de oliva. Se merece hacer un par de «barquitos».

INGREDIENTES

- 24 langostinos
- 4 dientes de ajo
- 100 ml de brandy
- 1 guindilla cayena (opcional)
- 2 cucharadas de aceite de oliva virgen
- 3 cucharadas de perejil fresco
- Sal y pimienta blanca

Pelamos los langostinos, dejándoles la cabeza y la cola, y los disponemos en una fuente que pueda ir al horno. Espolvoreamos por encima un poco de sal y pimienta blanca y reservamos.

Hacemos en un mortero un majado con los dientes de ajo pelados y troceados, el perejil fresco y la guindilla picada muy fina si se desea un toque picante.

Agregamos el aceite de oliva y mezclamos. Incorporamos el brandy y removemos todo.

Vertemos el majado sobre los langostinos y metemos al horno precalentado a 200° con calor arriba y abajo durante 12 minutos. Servimos recién salido del horno.

SUGERENCIA Podéis utilizar langostinos congelados, que son más económicos y es muy práctico tenerlos en casa. La noche anterior, sacadlos, ponedlos en un plato y dejadlos en la nevera hasta el día siguiente para que se descongelen despacio.

NOTA Ver la «Sugerencia» de la receta de brochetas de langostinos con salsa de coco (página 115) sobre eviscerar los langostinos.

VARIANTE Podéis sustituir el brandy por vino blanco.

POLLO A LA PARRILLA CON SALSA DE YOGUR Y MOSTAZA

La pechuga de pollo es un alimento muy socorrido, pero tenemos que salir un poco de hacerla a la plancha sin más porque la cocina saludable puede ser mucho más divertida.

INGREDIENTES

- 2 pechugas de pollo

PARA EL MARINADO

- 2 cucharadas de aceite de oliva virgen
- 2 cucharadas de zumo de limón
- 2 cucharadas de salsa de soja
- 1 cucharadita de pimentón dulce
- 1/4 de cucharadita de pimentón picante
- 1 cucharadita de orégano

PARA LA SALSA DE YOGUR

- 1 yogur natural desnatado
- La ralladura de 1 limón
- 1 cucharadita de mostaza
- 1 cucharadita de miel

Lavamos las pechugas de pollo y retiramos toda la grasa visible. Con un cuchillo afilado hacemos varias incisiones profundas en cada pechuga.

Ponemos todos los ingredientes del marinado en un bol y removemos hasta que esté bien mezclado. Metemos las pechugas de pollo, frotándolas con el marinado y haciendo que entre por las incisiones que hicimos.

Mezclamos en un cuenco los ingredientes de la salsa de yogur y reservamos.

Ponemos una sartén antiadherente al fuego, si puede ser de las que tienen estrías de parrilla, y cuando esté caliente, colocamos las pechugas de pollo y cocinamos a fuego medio dejando que se hagan durante 3 minutos por cada lado, o hasta que veamos que están hechas por el centro.

Cortamos las pechugas de pollo en rebanadas y las servimos con la salsa de yogur.

SABÍAS QUÉ... Para saber si la pechuga de pollo está hecha por el centro, basta con pincharla con un cuchillo en la parte más gruesa y observar que el jugo que sale sea transparente. Si es rosado, tenemos que cocinarla un poco más.

NOTA Ver la «Idea» de la receta de pollo a la parmigiana (página 187) sobre una sugerencia para un bocadillo saludable.

VARIANTE Podéis variar esta receta haciendo distintos marinados. Por ejemplo sustituir el pimentón y el orégano, por un poco de cúrcuma o curry y un poco de jengibre es una opción más exótica que también está muy rica.

MÁS SALUDABLE Para hacerlo más saludable aún, utilizad sirope de agave en lugar de miel.

FILETES DE GALLO CON SALSA DE ALMENDRAS

Esta receta nació hace muchos años de la necesidad de hacer algo con unos filetes de gallo y de mi pasión reconocida por las almendras. El resultado nos gustó mucho y se quedó como un fijo en nuestra casa.

INGREDIENTES

- 4 filetes de gallo
- 1 cebolla
- 1 diente de ajo
- 20 almendras crudas
- 125 ml de caldo de pollo
- 125 ml de leche desnatada
- 5 cucharadas de vino blanco
- 2 cucharadas de aceite de oliva virgen
- ½ cucharadita de eneldo
- Sal

Ponemos las almendras en una sartén al fuego sin nada de materia grasa y las doramos ligeramente. Las picamos con un cuchillo y reservamos.

Ponemos una sartén al fuego con una cucharada de aceite de oliva, y cuando esté caliente, echamos la cebolla y el ajo picados y rehogamos durante 10 minutos hasta que la cebolla esté blanda. Agregamos el vino blanco y dejamos evaporar removiendo, durante 5 minutos.

En un mortero, hacemos un majado con la almendra picada, reservando un poco para decorar, y el eneldo. Añadimos el caldo de pollo y mezclamos. Vertemos el majado en la sartén, agregamos la leche y cocinamos durante 5 minutos. Echamos la salsa en el vaso de la batidora y trituramos hasta obtener una crema.

Salamos ligeramente los filetes de gallo y los hacemos a la plancha en una sartén con la otra cucharada de aceite. Los disponemos en una fuente, vertemos la salsa por encima y espolvoreamos con el resto de la almendra tostada picada y un poco de eneldo.

SUGERENCIA Siempre que podáis, comprad los frutos secos crudos e incluso con cáscara. Peladlos y tostadlos vosotros en casa como os sugiero en esta receta o en el horno. No lleva mucho trabajo y conseguimos sacar todo el aroma y un sabor mucho más rico.

IDEA Lo ideal es utilizar caldo de pollo casero, pero no siempre tenemos tiempo para hacerlo y, sobre todo, hay que consumirlo muy pronto porque se pone malo muy rápido. Un truco estupendo que hago siempre que puedo es el siguiente: en una olla cuezo una carcasa de pollo, con una cebolla, un par de zanahorias, una rama de apio y un poco de perejil. Agrego agua, no demasiada, tapo y dejo cocinar hasta obtener el caldo. Después dejo al fuego hasta que se reduzca mucho, de modo que obtengo un caldo muy concentrado. Lo congelo en recipientes pequeños o en cubiteras, y lo utilizo cuando quiero para dar sabor a los guisos.

No obstante, si compráis caldo ya hecho, buscad uno que entre sus ingredientes solo lleve pollo, verduras y hortalizas, y si es posible, que sea bajo en sal.

VARIANTE Se puede hacer con otros filetes de pescado, como filetes de lenguado o merluza. También podéis sustituir la leche de vaca por alguna bebida vegetal a vuestro gusto.

SNACKS Y DIPS SALUDABLES

¡Esto sí que es una gran noticia! Salsas, patés y snacks saludables, para sentarnos delante de la televisión a ver una película de miedo o romántica, o a ¡animar a la selección! Ja, ja. Y es que, no me digáis…, sin algo rico para picar, no es lo mismo, ¿verdad? Ja, ja. Pero «algo rico» no está reñido con algo saludable, ni mucho menos, y eso es lo que os demuestro en esta sección. ¡No dejéis ni una sola receta sin hacer!

HUMMUS CON ACEITUNAS NEGRAS

Esta crema de garbanzos originaria del mundo árabe es ideal para comenzar cualquier comida, o servir como aperitivo o en una cena informal. Se hace en un momento y resulta una crema para untar muy saludable y nutritiva, además de una delicia. Ideal para quienes siguen una dieta vegetariana o vegana y para quienes quieren cuidarse.

INGREDIENTES

- 1 bote de garbanzos cocidos (400 g aproximadamente)
- 1 cucharada de tahini
- 2 dientes de ajo
- 1 cucharadita de comino molido
- 1 cucharadita de pimentón
- 1 cucharadita de perejil seco
- 2 cucharadas de aceite de oliva
- 1 chorro de zumo de limón
- Sal y pimienta negra

PARA DECORAR

- Aceite de oliva virgen
- Pimentón
- Aceitunas negras

Enjuagamos bien los garbanzos y los echamos en un robot de cocina. Agregamos el resto de los ingredientes y trituramos hasta obtener una crema homogénea, agregando un poco de agua si quedara demasiado espesa.

Vertemos la mezcla en un tazón, alisamos la superficie con el reverso de una cuchara, haciendo unos surcos. Espolvoreamos con un poco de pimentón, regamos los surcos con un hilo de aceite de oliva y distribuimos por encima unas aceitunas negras.

Servimos con triángulos de pan de pita integral tostados o de pan de yogur integral (ver receta página 167). También podemos acompañar de crudités de verduras y hortalizas.

SABÍAS QUE... El tahini o tahina es una pasta que se obtiene al triturar semillas de sésamo o ajonjolí. Se encuentra en herbolarios o tiendas de dietética o en la sección de comida internacional de los supermercados junto a los productos de cocina árabe.

SUGERENCIA Para hacer el hummus suelo utilizar un bote de garbanzos cocidos porque me resulta muy práctico, pero si preferís cocerlos vosotros, por supuesto que podéis hacerlo. Haced el hummus con ellos de la misma forma. Si necesitáis agregar un poco de agua, en lugar de utilizar agua del grifo, aprovechad el agua de haber cocido los garbanzos, que tendrá más sabor.

VARIANTE No siempre le pongo aceitunas negras por encima. Podéis prescindir de ellas si lo preferís.

BABAGANOUSH

El babaganoush es otra crema de verduras para untar, típica de la cocina árabe que tantas alegrías culinarias nos da. Yo hago muchas veces las dos juntas, el hummus y esta, y junto con el pan integral para mojar, para una comida informal completa, divertida y muy saludable.

INGREDIENTES

- 1 berenjena
- 1 cucharada de tahini
- 1 diente de ajo
- 1 cucharada de zumo de limón
- 1 cucharada de perejil fresco
- 1 cucharadita de comino molido
- Aceite de oliva virgen
- ½ cucharadita de sal

Lavamos la berenjena, retiramos la parte del rabo, pinchamos toda la superficie con un cuchillo y la asamos entera en el horno precalentado a 180° con calor arriba y abajo durante 40 minutos. Sacamos y dejamos enfriar.

Echamos en un mortero el diente de ajo, el perejil y la sal y majamos bien.

Abrimos la berenjena, sacamos la pulpa con ayuda de una cuchara y la echamos en el mortero con el majado de ajo y perejil. Agregamos el comino molido, el zumo de limón y el tahini y mezclamos todo bien.

Servimos en un cuenco con un hilo de aceite de oliva virgen extra y acompañamos con triángulos de pan integral tostado.

SUGERENCIA Yo lo acompaño habitualmente de triángulos de pan de pita integral que compro en las tiendas y que tan solo lleva harina integral, levadura, agua y sal. Lo humedezco con agua, lo tuesto en el tostador o en la sartén hasta dorarlo ligeramente y lo corto en triángulos con un cuchillo afilado. Son ideales para mojar.

También podéis hacerlo con la receta del pan de yogur integral (página 167).

NOTA Ver la «Sugerencia» de la receta «berenjenas rellenas de atún» (página 72) sobre asar las berenjenas en el microondas.

FALSA CREMA DE QUESO

Bueno, bueno, bueno… Aquí ya vamos a ponernos serios porque esta crema es de morirse de rica y de no creerse que ¡estáis comiendo verduras y hortalizas! Ja, ja. De hecho, os invito a que hagáis la prueba. Preparadla para vuestros amigos o familiares, y decidles que están comiendo crema de cheddar o salsa de queso. ¡Os aseguro que se lo creen todos! Ja, ja. Ya me diréis.

INGREDIENTES

- 2 patatas
- 1 zanahoria grande
- 125 ml de agua
- 30 g de levadura de cerveza
- 1 cucharada de zumo de limón
- ½ cucharadita de ajo en polvo
- ½ cucharadita de cebolla en polvo
- 4 gotas de tabasco (opcional)
- 4 cucharadas de aceite de oliva virgen
- 1 cucharadita rasa de sal
- 1 pizca de pimienta negra

Ponemos en una olla pequeña las patatas y la zanahorias peladas y cortadas en dados pequeños. Cubrimos con agua y llevamos al fuego. Cocemos durante unos 15 minutos, o hasta que estén tiernas.

Una vez cocidas, escurrimos bien y las echamos en el vaso de la batidora. Añadimos la levadura de cerveza, el aceite de oliva, el zumo de limón, la cebolla y el ajo en polvo, las gotas de tabasco si se desea el toque picante, la sal, la pimienta negra y el agua, y trituramos hasta obtener una crema homogénea y suave. Agregamos un poco más de agua si quedara muy espeso.

Servimos en un cuenco, acompañado de nachos caseros (ver receta página 164) o crudités de verduras.

SABÍAS QUE... El ingrediente secreto de esta «falsa crema de queso» es la levadura de cerveza. En el mundo vegano se utiliza para sustituir el queso en muchas recetas. La patata y la zanahoria aportan la textura y el color, y la cebolla y el ajo en polvo aportan el sabor tan potente de las cremas de queso.

VARIANTE Para una versión un poco más ligera, podemos sustituir la patata por calabacín. Yo la he hecho multitud de veces de ambas formas y de las dos está muy rica, aunque la textura de la versión con patata es insuperable. Os aconsejo hacer la original por lo menos la primera vez.

PATATAS CAJÚN CON YOGUR PARA MOJAR

Tanto las patatas fritas como las patatas asadas se utilizan a menudo para acompañar a muchos platos, pero las primeras no son para todos los días, por la cantidad de aceite que absorben, y las segundas por sí mismas pueden resultar algo sosas. Estas patatas que os presento, son un entrante o un aperitivo sano y muy sabroso que gustará a todos. Servidlas con una o varias salsas y a divertirse dippeando.

INGREDIENTES

- 1 kilo de patatas de piel fina
- 2 cucharadas de aceite de oliva virgen suave

PARA LA MEZCLA DE ESPECIAS CAJÚN

- 2 cucharaditas de pimentón dulce
- 2 cucharaditas de cebolla en polvo
- 2 cucharaditas de ajo en polvo
- 1 cucharadita de orégano
- 1 cucharadita de albahaca seca
- ½ cucharadita de tomillo seco
- ¼ de cucharadita de pimienta blanca
- ¼ de cucharadita de pimienta negra
- ¼ de cucharadita de cayena en polvo o pimentón picante
- ¼ de cucharadita de comino

PARA ACOMPAÑAR

- Yogur desnatado para beber natural o de limón

Lavamos muy bien las patatas y las cortamos en gajos sin pelarlas.

Las ponemos en un bol, y echamos el aceite en un hilo muy fino distribuyéndolo bien, para que impregnen las patatas. Removemos.

Mezclamos en un cuenco todas las especias, y las echamos en el bol con las patatas. Removemos muy bien de nuevo, de forma que queden bien cubiertas por todos los lados.

Las ponemos en la bandeja del horno que tendremos forrada con papel vegetal o ligeramente engrasada, y las disponemos en una sola capa sin que queden amontonadas. Metemos al horno precalentado a 220° con calor arriba y abajo durante 40 minutos.

Servimos con un cuenco de yogur para beber natural o de limón para mojar las patatas.

SUGERENCIA Podéis servirlas acompañadas de aliño de yogur (ver receta página 184), salsa de tomate o mostaza. Para nosotros están especialmente ricas y ligeras mojadas en yogur de beber, aunque parezca un poco raro. En concreto nos gusta mucho con el de limón, pero también están ricas con el natural.

IDEA Un truco para embadurnar bien las patatas con las especias es meterlas en una bolsa, echar todas las especias, cerrar y agitar bien. Esta misma idea podéis utilizarla cuando queráis enharinar o cubrir algo con pan rallado.

VARIANTE A nosotros nos gustan mucho las especias y también el picante, así que nuestra mezcla cajún es «alegre». Si no es vuestro gusto, podéis prescindir de la cayena o el pimentón picante, y por supuesto también podéis omitir la especia que no os guste o añadir cualquier otra. Simplemente con aceite, orégano y pimienta ya están ricas. Además, al utilizar tantas especias prescindimos de la sal, pero si queréis utilizarla podéis añadir una cucharadita a la mezcla.

GUACAMOLE CON NACHOS CASEROS

El guacamole es una salsa de la cocina mexicana famosa internacionalmente. Y no es para menos porque está buenísima, es muy fácil de hacer y muy saludable. No en vano su ingrediente principal es el maravilloso aguacate. Además, ahora que sabemos hacer nachos caseros, tenemos un plato de diez, cien por cien casero y sanísimo.

INGREDIENTES

- 2 aguacates
- ½ cebolleta
- 1 tomate pequeño
- Zumo de limón o lima
- Cilantro fresco
- Sal

PARA ACOMPAÑAR

- Nachos caseros (ver receta página 164)

Pelamos y picamos la cebolleta muy fina.

Lavamos el tomate y lo picamos en dados muy pequeños.

Sacamos la pulpa de los aguacates, la ponemos en un bol. Rociamos con zumo de limón o de lima para que no se oscurezcan, agregamos un poco de sal y lo aplastamos bien con un tenedor.

Agregamos la cebolleta, el tomate y el cilantro fresco picado muy fino, y lo mezclamos todo.

Probamos para rectificar los condimentos, agregando un poco más de sal, zumo de limón o de lima, o cilantro a nuestro gusto.

Servimos en un cuenco acompañado de unos nachos caseros para mojar.

SUGERENCIA Si no habéis probado nunca el cilantro fresco, os aconsejo que echéis poco. Es un ingrediente fundamental, y a mí ahora me maravilla, pero la primera vez que se prueba no suele gustar mucho. Utilizad poco, y después a la hora de rectificar los condimentos, echad más si os gusta.

VARIANTE Hay quien le añade unas gotas de tabasco o pimienta negra para darle un toque picante. Os lo dejo como sugerencia fácil que podemos hacer aquí, porque en el auténtico guacamole al parecer se utiliza en realidad chile jalapeño o serrano, que es un ingrediente complicado de encontrar en nuestro país.

También se puede utilizar cebolla morada en lugar de cebolleta.

IDEA En esta receta utilizamos los aguacates enteros, pero cuando solo necesitéis medio aguacate, guardad siempre la otra mitad en la nevera con el hueso para que se conserve en mejor estado.

CHIPS SALUDABLES DE BONIATO

Si a la idea de ver en el salón una película o un partido mientras picamos algo rico, sabroso y crujiente, le añadimos que ese «algo» sea además saludable, tenemos un plan perfecto, ¿no os parece? Preparad un boniato o mejor dos, un guacamole o un hummus, y ¡a disfrutar!

INGREDIENTES

- 1 boniato grande
- 1 cucharada de aceite de oliva virgen
- Especias (opcional)
- Sal (opcional)

Lavamos muy bien el boniato y, sin pelarlo, lo cortamos en rodajas lo más finas posible. Lo ideal es hacerlo con una mandolina o un pelaverduras.

Las ponemos en un bol con agua muy fría o con hielo y las dejamos durante 10 minutos, para que suelten el almidón.

Las secamos con un paño y las pulverizamos con un poco de aceite de oliva. Espolvoreamos, si se desea, con especias a nuestro gusto y removemos bien para impregnarlas por igual. Las disponemos sobre la bandeja del horno forrada con papel vegetal, en una sola capa, y las metemos el horno prea 200° con calor arriba y abajo durante 10 o 15 minutos, dependiendo de lo fino que las hayamos cortado, y vigilando para que no se quemen. Sacamos y dejamos enfriar completamente sobre una rejilla para que queden bien crujientes.

Espolvoreamos con un poco de sal si lo deseamos, y servimos.

SUGERENCIA Si no se han cortado las rodajas lo suficientemente finas, a media cocción dadles la vuelta para que se hagan bien por el otro lado.

Por supuesto, si se desea, se puede pelar el boniato antes de cortarlo en rodajas.

Se pueden hacer solo con el aceite de oliva, para obtener unos chips con el sabor suave del boniato, o bien como os digo, condimentarlos con una mezcla de especias, como pimienta negra, canela, cayena molida, comino, curry, cúrcuma, ajo en polvo, cebolla en polvo, nuez moscada… a vuestro gusto.

IDEA También se pueden hacer en el microondas, colocando las rodajas de boniato sobre un plato con un par de toallas de papel para que absorba la humedad, y cocinándolas a máxima potencia durante 4 minutos. Dar la vuelta y dejar durante 2 minutos más. Los tiempos varían un poco en función de la potencia del microondas y del grosor de las rodajas de boniato.

VARIANTE Se pueden hacer chips saludables con otras hortalizas como patatas, calabaza, ñame, chirivía, nabo, remolacha cruda… Incluso se podrían hacer mezclas, horneando todas juntas, excepto la remolacha, que se hará por separado para que no tiña al resto de las hortalizas.

GARBANZOS CRUJIENTES DULCES Y SALADOS

¡Me encanta coger un cuenco de estos garbanzos y sentarme a ver una peli! Están buenísimos, son muy entretenidos de comer y nos ayudan a cuidarnos. Cuántas ideas así tenemos en este libro, ¿eh? Os prometí que cuidarse y comer sano podía ser muy divertido. ¡Que disfrutéis de vuestro snack y de la peli!

INGREDIENTES

- 500 g de garbanzos
- Sal (opcional)

VERSIÓN SALADA

- 1 cucharadita abundante de curry
- 1 cucharadita abundante de cúrcuma
- 1 cucharadita abundante de pimentón dulce
- ½ cucharadita de comino
- ½ cucharadita de cayena molida
- ½ cucharadita de pimienta negra molida

VERSIÓN DULCE

- 1 cucharadita abundante de canela molida
- 1 cucharadita de cacao en polvo
- 1 cucharada de miel artesanal
- Unas gotas de esencia de vainilla

La noche anterior, habremos puesto los garbanzos a remojo en un recipiente con abundante agua que los cubra.

Al día siguiente, escurrimos los garbanzos y los ponemos en un bol. Agregamos las especias según vayamos a hacer la versión salada o la dulce y removemos muy bien para impregnar los garbanzos. Si no quedaran bien embadurnados, agregamos un poco más de cantidad de especias.

Los distribuimos sobre la bandeja del horno que habremos cubierto con papel vegetal, de modo que queden en una sola capa, sin amontonar, y los metemos al horno precalentado a 200° calor arriba y abajo durante unos 45 minutos. Sacamos uno y comprobamos que esté tierno pero crujiente. Si no lo está aún, los dejamos unos minutos más.

Los sacamos del horno y dejamos enfriar para servir.

SABÍAS QUE... Los garbanzos, por su contenido en isoflavonas, proteínas, fibra, hierro y folatos son un alimento muy beneficioso para la salud. Además contribuyen a disminuir los niveles de colesterol y tienen propiedades anticancerígenas.

IDEA Si os apetece hacer esta receta y no habéis puesto garbanzos a remojo la noche anterior, podéis hacerlo también con un bote de garbanzos cocidos. Los lavamos y escurrimos muy bien y hacemos la receta igual, pero teniéndolos en el horno unos 20 minutos. No quedan tan crujientes y puede explotar alguno en el horno, pero es una opción rápida para un apuro.

VARIANTE En la versión salada también pongo a veces ½ cucharadita de cebolla en polvo y ½ cucharadita de ajo en polvo. A la versión dulce también le va muy bien un poco de pimienta.

En cualquier de las dos versiones, podéis añadir si lo deseáis un poco de sal para potenciar el sabor.

SUGERENCIA Lo ideal es consumirlos el mismo día, pero duran 3 o 4 días dentro de un recipiente hermético. Eso sí, antes de guardarlos han de estar completamente fríos.

FALSA SALSA BECHAMEL (SALSA DE CALABACÍN)

Esta idea es estupenda para sustituir a la salsa bechamel cuando queremos aligerar un poco una comida. Se sustituye el roux hecho a base de harina y mantequilla por calabacines cocidos, que aportan una textura parecida y tienen un sabor muy suave. Al condimentar con la nuez moscada característica de la salsa bechamel, conseguimos un apaño muy resultón.

INGREDIENTES

- 2 calabacines
- 400 ml de leche desnatada
- Nuez moscada
- Sal
- Pimienta negra

Ponemos en una olla al fuego la leche junto con los calabacines pelados y troceados, y un poco de sal, y cocemos durante 25 minutos hasta que estén tiernos.

Trituramos con la batidora hasta obtener una crema. Si queremos una textura más ligera, agregamos otro poco de leche.

Añadimos un poco de nuez moscada, sal y pimienta negra y llevamos de nuevo al fuego durante 3 o 4 minutos, sin dejar de remover.

SUGERENCIA Utilizad esta salsa del mismo modo que utilizaríais una salsa bechamel: para cubrir unas verduras que van al horno con un poco de queso por encima, para hacer una lasaña, para acompañar a un plato de pasta, con gambas o tiras de pollo y un poco de orégano… O incluso, dejándola un poco espesa, para mojar unos crudités de verduras.

VARIANTE Podéis sustituir si lo deseáis la leche de vaca por cualquier leche vegetal a vuestro gusto.

CREMA DE ALUBIAS CON SÉSAMO

La crema de alubias no es tan famosa como la crema de garbanzos, pero está muy rica también. Preparada así con el sabor de las verduras y el toque final de las semillas de sésamo que aportan un aroma riquísimo, es estupenda. ¡Una idea más para no olvidarnos de las maravillosas legumbres!

INGREDIENTES

- 1 bote de alubias blancas cocidas
- 250 ml de agua
- 1 zanahoria
- 1 hoja de laurel
- 1 rama de perejil fresco
- ½ limón
- 1 diente de ajo
- 1 cucharadita de semillas de sésamo tostado
- 1 cucharada de aceite de oliva virgen
- 1 cucharadita de pimentón
- Sal
- Pimienta negra

Exprimimos el medio limón y reservamos el zumo y la cáscara.

Enjuagamos y escurrimos bien las alubias y las ponemos en una olla al fuego junto con el agua, la zanahoria pelada y entera, la hoja de laurel, el perejil y la cáscara de limón. Cuando empiece a hervir, bajamos el fuego y cocemos durante 15 minutos.

Retiramos de la olla la zanahoria, el perejil y la cáscara de limón, y escurrimos las alubias, reservando el caldo de cocción.

Ponemos las alubias en el vaso de la batidora junto con el diente de ajo pelado, el zumo de limón, un poco de sal y pimienta negra, y trituramos. Agregamos poco a poco el caldo de cocción y continuamos triturando, hasta obtener una crema con una textura que nos guste.

Pasamos la crema de alubias a un cuenco, espolvoreamos con el pimentón y las semillas de sésamo tostado, y regamos con un hilo de aceite de oliva.

Servimos con pan integral de yogur a la plancha cortado en tiras (ver receta página 167) o pan de pita integral.

SABÍAS QUE... Las semillas de sésamo son una gran fuente de magnesio y de calcio. También de ácido fítico que se relaciona con la inhibición del cáncer de colon ya que disminuye la velocidad de propagación de las células cancerosas y vela por el buen funcionamiento de nuestro sistema inmunológico.

SUGERENCIA El ácido fítico presente en las semillas de sésamo puede disminuir la absorción de minerales como el hierro, pero la cocción destruye los fitoquímicos innecesarios. Por esto, aunque no hay ningún problema en consumir sésamo crudo dentro de una alimentación equilibrada, lo ideal es consumirlo tostado.

IDEA Esta crema, al igual que cualquier paté o crema para untar, podemos acompañarla con crudités. Los crudités son porciones de verduras y hortalizas que se cortan en porciones pequeñas y se sirven para untar en las salsas. Algunas opciones son: bastones de zanahoria, tiras de pimiento rojo o amarillo, bastones de pepino, rabanitos enteros, trozos de rama de apio, ramilletes de brócoli escaldados un par de minutos…

POSTRES

Y como no podía de ser de otra manera... ¡por supuesto que en una alimentación sana y equilibrada hay hueco para los postres! He reunido unas cuantas recetas de postres tratando de daros opciones muy diferentes, desde algún postre tradicional de mi familia hasta otro con toques exóticos. ¡Y todos buenísimos!

MANZANA «FRITA» DE MI FAMILIA

Mi familia tiene algunos manzanos en el pueblo, y cuando es temporada recogemos cestas de manzanas. Recuerdo desde pequeña ver a mis padres y también ayudarles a pelar manzanas para hacer «manzana frita». Que ni es frita ni nada, ja, ja, pero en mi casa la hemos llamado siempre así. Espero que os guste esta delicia familiar.

INGREDIENTES

- 8 o 10 manzanas reineta
- 1 cucharada de aceite de oliva virgen extra
- 4 cucharadas de agua

Pelamos las manzanas y las cortamos en trozos pequeños, como si cortáramos patatas para hacer una tortilla.

Las ponemos en una sartén grande antiadherente con tapa. Agregamos el aceite de oliva y el agua, removemos, tapamos y llevamos al fuego.

Cocinamos a fuego bajo hasta que la manzana esté dorada y melosa. Llevará una o dos horas, pero no da nada de trabajo. Solo tenemos que, de vez en cuando, destapar, remover y volver a tapar.

SUGERENCIA Podéis servirla tal cual, caliente, tibia a o fría. De cualquier forma está rica.

También se puede servir con yogur natural. Poned en un cuenco la manzana caliente con el yogur frío y mezcladlo para comerlo. ¡Está riquísimo!

Además podéis ponerle si queréis por encima unas nueces o unas avellanas troceadas.

IDEA Pongo como referencia 8 o 10 manzanas, pero podéis hacerlo con tantas como os quepan en la sartén. Cuantas más mejor, el trabajo es poco más y así tendréis mucha manzana frita hecha. Se conserva en la nevera durante 4 o 5 días sin problema, pero también se puede congelar.

Mi madre tiene siempre manzana frita congelada porque ella, cuando se pone, ¡pela manzanas para un regimiento! Ja, ja. Y la verdad es que es una gran idea, porque en cualquier momento la saca, la calienta y tiene listo el postre.

VARIANTE Podéis utilizar manzanas de cualquier variedad que sean dulces y ácidas.

BROCHETAS DE FRUTAS CON CHOCOLATE Y ALMENDRA

Servir las frutas así, pinchadas en unas brochetas, es una opción muy divertida que las hace un poco más especiales. Los hilos de chocolate y la almendra en granillo espolvoreada convierten unas modestas frutas en un postre hasta para una comida con invitados.

INGREDIENTES

- 2 kiwis
- 2 plátanos
- 100 g de fresas
- 1 trozo de piña
- 3 o 4 onzas de chocolate de un 70 % mínimo de cacao
- 2 cucharadas de leche (opcional)
- 1 cucharada de almendra en granillo

Pelamos los kiwis y los cortamos por la mitad a lo largo, y después en tres trozos.

Pelamos los plátanos y los cortamos en rodajas de 2 o 3 cm.

Lavamos las fresas y retiramos la parte del tallo.

Pelamos el trozo de piña y lo cortamos en dados grandes.

Insertamos en cada brocheta las distintas frutas alternándolas a nuestro gusto. Las colocamos en una fuente y reservamos.

Picamos el chocolate negro y lo ponemos en un cuenco. Lo derretimos metiéndolo durante unos segundos en el microondas o al baño María sobre un cazo con agua hirviendo. Removemos bien para obtener una crema de chocolate. Si deseamos una textura un poco más ligera, agregamos la leche y mezclamos bien.

Mojamos los dientes de un tenedor en el chocolate y lo pasamos por encima de las brochetas haciendo movimientos en zigzag para hacer hilos de chocolate. Espolvoreamos con la almendra en granillo y servimos.

SABÍAS QUE... La piña contiene bromelina, que es una enzima que ayuda a descomponer las proteínas, por lo que es una gran aliada en las digestiones. La bromelina y la pectina que contiene, cuidan además la flora intestinal.

VARIANTE Si lo preferís podéis hacer estas brochetas solo de plátano, o de plátano y fresa. También podéis utilizar otras frutas como el melón o el melocotón, o espolvorear por encima avellanas o pistachos picados en lugar de almendras.

SUGERENCIA Cuando fundáis chocolate en el microondas hacedlo siempre a baja temperatura, incluso en la opción de descongelar, y vigilando, porque se quema con mucha facilidad.

ABANICOS DE MANZANA CON ALMENDRA Y CANELA

Estos abanicos quedan muy ricos. La combinación de manzana, almendra y canela no puede fallar. Son muy fáciles de hacer, pero tienen una presentación tan bonita que son ideales para prepararlos en un día especial.

INGREDIENTES

- 2 tortillas integrales
- 2 manzanas
- 1 cucharadita de aceite de oliva virgen
- 1 cucharadita de miel artesanal
- 1 cucharadita de agua
- 2 cucharaditas de almendra en granillo
- ½ cucharadita de canela

Colocamos las tortillas integrales sobre la bandeja del horno cubierta con papel vegetal y reservamos.

Lavamos las manzanas, las cortamos en cuartos, retiramos el corazón y cortamos en gajos lo más finos posible. Lo ideal es hacerlo con una mandolina.

Diluimos la miel con el agua, removiendo bien, y pincelamos las tortillas con la mezcla. Disponemos los gajos de manzana sobre las tortillas solapando ligeramente cada uno con el anterior y cubrimos con ellos toda la superficie.

Pincelamos la manzana con una capa muy ligera de aceite de oliva, espolvoreamos por encima la almendra en granillo y metemos al horno precalentado a 200° con calor arriba y abajo durante 10 minutos, hasta que la superficie esté ligeramente dorada.

Sacamos, espolvoreamos con un poco de canela y servimos.

SABÍAS QUE... La mayoría de los hornos incorporan una luz que se apaga al alcanzar la temperatura elegida. Así, si la receta nos indica que precalentéis el horno a 180°, al encender el horno y poner la temperatura a 180° la luz se encenderá, y se apagará al alcanzar los 180°. En ese momento el horno estará listo para meter lo que queramos hornear.

MÁS SALUDABLE Para hacerlo más saludable aún, utilizad sirope de agave en lugar de miel.

También podéis hacer las tortillas integrales caseras (ver receta página 163).

IDEA Me encantan las manzanas, y acostumbro a comerlas a mordiscos a media mañana o media tarde. Son refrescantes y sacian mucho. Pero a veces, me apetece algo caliente que sea más reconfortante. Entonces preparo la manzana así. La lavo bien, la corto en gajos o en pedazos de bocado, la pongo en un plato, espolvoreo canela por encima y la meto al microondas durante 2 o 3 minutos. Queda blandita, caliente, y con la canela, mmm, sabe un poquito a tarta de manzana, ja, ja. Y es ideal como postre al resultar más digestiva.

CRUMBLE DE PERA Y AVENA CON AVELLANA

El crumble es un pastel de frutas con una cobertura que va al horno. En la receta original la cobertura crujiente se elabora con harina blanca, mantequilla y azúcar. En esta versión más saludable lo haremos con avena, harina integral, avellanas y miel. ¡Y está buenísima!

INGREDIENTES

- 500 g de peras
- 2 cucharadas de zumo de limón
- 1 cucharada de azúcar moreno
- 3 cucharadas de yogur natural desnatado
- Unas gotas de esencia de vainilla o una vaina de vainilla

PARA EL CRUMBLE

- 4 cucharadas de copos de avena
- 2 cucharadas de harina integral
- 2 cucharadas de avellanas troceadas
- 2 cucharadas de agua
- 1 cucharada de miel artesanal
- 1 cucharada de aceite de oliva virgen

Pelamos y troceamos las peras y las ponemos en un cazo al fuego con el zumo de limón y el azúcar moreno. Removemos y cocinamos durante 15 minutos hasta que se haya hecho una compota ligera.

En un bol echamos la harina integral, los copos de avena, las avellanas troceadas, el aceite y la miel, que habremos aligerado mezclándola con las dos cucharadas de agua. Removemos para mezclarlo todo.

Distribuimos la pera con su jugo en el fondo de dos moldes o cuencos que puedan ir al horno. Repartimos por encima el crumble de avena y avellanas, y metemos al horno precalentado a 200° con calor arriba y abajo durante 15 minutos hasta que la superficie esté ligeramente dorada.

Echamos en un cuenco el yogur natural y las gotas de esencia de vainilla o las semillas de la vaina y mezclamos.

Cuando los crumbles estén listos, los sacamos del horno, ponemos por encima una cucharada de yogur con vainilla y servimos.

VARIANTE Se puede hacer con otras frutas en lugar de pera, como manzanas, albaricoques, ciruelas o cerezas. También se pueden sustituir las avellanas por nueces, almendras o piñones.

MÁS SALUDABLE Para hacerlo más saludable aún, utilizad sirope de agave en lugar de miel, y azúcar integral de caña o azúcar de coco en lugar de azúcar moreno.

BROCHETAS TROPICALES

Otras brochetas muy ricas y bonitas que resultan muy apetecibles, ¿verdad? Pues se trata solamente de fruta, almendra y un poquito de miel. Pero presentado así, constituye todo un postre para finalizar una estupenda comida.

INGREDIENTES

- 2 mangos
- 2 plátanos
- 1 cucharada de miel artesanal
- El zumo de ½ limón
- 1 cucharada de coco rallado
- 1 cucharada de almendra laminada

Pelamos los plátanos, los cortamos en trozos de 2 o 3 cm y los ponemos en un bol.

Pelamos los mangos, los cortamos en dados grandes y los echamos en el bol.

Mezclamos en un cuenco el zumo de limón con la miel, lo echamos sobre la fruta, y removemos muy bien para impregnarlo todo.

Insertamos en unas brochetas de forma alterna un trozo de mango y un trozo de plátano, hasta terminar con todos.

Ponemos al fuego una sartén antiadherente sin nada de materia grasa, y tostamos la almendra laminada hasta que esté ligeramente dorada. Sacamos y reservamos.

En la misma sartén, asamos las brochetas a fuego medio, dándoles la vuelta para dorarlas por todos los lados. Sacamos, colocamos en una fuente, espolvoreamos con el coco rallado y la almendra tostada y servimos.

VARIANTE Podéis sustituir el mango por papaya o melocotón.

SABÍAS QUE... El mango es una de las frutas más antioxidantes por su riqueza en vitamina C y especialmente en vitamina A. Aumenta las defensas del organismo, ayuda a luchar contra los radicales libres, cuida la vista y la piel y ayuda con la digestión de las proteínas.

MÁS SALUDABLE Para hacerlo más saludable aún, utilizad sirope de agave en lugar de miel.

PUDIN DE MANZANAS
CON PASAS Y PIÑONES

El pudin es un dulce hecho a base de bizcocho o pan desecho en leche, azúcar y frutas secas. En esta versión de pudin saludable, utilizamos harina integral y leche desnatada, y solo un poco de miel artesanal para endulzar, ya que las manzanas frescas que utilizamos, ya aportan dulzor y además de mucha jugosidad a la masa.

INGREDIENTES

- 400 g de manzanas
- 2 cucharadas de uvas pasas
- 2 cucharadas de piñones
- 250 ml de leche desnatada
- 3 huevos
- 4 cucharadas de harina integral
- 2 cucharadas de miel artesanal
- ½ cucharadita de canela molida
- 1 pizca de nuez moscada
- 2 cucharadas de aceite de oliva virgen
- 1 pizca de sal

Ponemos en un cuenco la harina, haciéndola pasar a través de un colador para tamizarla. Agregamos también el salvado que queda en el colador, la canela y la nuez moscada, y removemos.

Hacemos un hoyo en el centro y echamos los huevos batidos, el aceite, la miel, la pizca de sal y un poco de la leche. Mezclamos con una cuchara o una espátula, mientras vamos agregando en resto de la leche poco a poco.

Pelamos las manzanas, las cortamos en cuartos, retiramos el corazón y cortamos cada cuarto a la mitad, obteniendo ocho gajos.

Con ayuda de una toallita de papel, engrasamos con aceite de oliva el fondo y las paredes de una cazuela o sartén antiadherente que pueda ir al horno, y colocamos los gajos de manzana, las uvas pasas y los piñones. Vertemos por encima la mezcla de la masa, distribuyéndola bien.

Metemos al horno precalentado a 200° con calor arriba y abajo y horneamos durante 25 minutos hasta que la masa haya subido y esté bien dorada.

Sacamos y servimos caliente o tibio.

VARIANTE Podéis sustituir la leche de vaca por la bebida vegetal que prefiráis. También podéis sustituir las manzanas por otras frutas como peras o melocotones.

SABÍAS QUÉ... Tamizamos la harina para airearla y que las preparaciones queden más esponjosas. En el caso de la harina integral, el salvado queda en el tamiz o colador, pero lo volvemos a agregar a la mezcla para no desperdiciarlo.

MÁS SALUDABLE Para hacerlo más saludable aún, utilizad sirope de agave en lugar de miel.

HELADO DE PLÁTANO
A LA VAINILLA

Desde que descubrí esta idea de preparar helados sin necesidad de utilizar nata, ni huevos, ni azúcar, y sin más que triturar la fruta congelada con yogur, he preparado infinidad de versiones. Este de plátano a la vainilla es uno de mis favoritos. Está muy rico y es muy saludable, y es que en realidad estamos comiendo ¡un plátano y un yogur desnatado!

INGREDIENTES

- 6 plátanos maduros
- 2 yogures naturales desnatados
- 2 cucharadas de miel artesanal
- Una vaina de vainilla o unas gotas de esencia de vainilla

Pelamos y troceamos los plátanos y los echamos en dos recipientes con tapa o bolsas para congelar. Lo metemos al congelador durante tres o cuatro horas.

Echamos los yogures en un colador de tela o en un filtro de café con un recipiente debajo para recoger el suero, y lo dejamos en la nevera hasta que vayamos a preparar el helado.

Echamos en un vaso americano o robot de cocina el plátano troceado y congelado, los yogures escurridos, la miel y las semillas de la vaina de vainilla, o las gotas de esencia, y trituramos muy bien.

Se puede servir directamente, o si queremos que tenga más consistencia aún, lo vertemos en el recipiente y lo llevamos al congelador durante una hora.

Servimos con ayuda de dos cucharas o un sacabolas de helado.

SUGERENCIA Si encontráis yogures naturales griegos desnatados o cremosos bajos en grasa, mejor aún.

VARIANTE Se puede hacer este helado utilizando otras frutas, como mango, melocotón o albaricoques, o combinándolas para hacer helado de varias frutas, como plátano y mango, o mango y albaricoque. También se pueden utilizar frutas con más agua como las nectarinas o los frutos rojos como las fresas, moras, arándanos o frambuesas… Con este tipo de frutas queda muy rico de sabor, pero un poco menos cremoso. Según lo dulce que sea la fruta que utilicéis, podéis prescindir de la miel.

MÁS SALUDABLE Para hacerlo más saludable aún, utilizad sirope de agave en lugar de miel.

EN LA WEB En www.isasaweis.com tenéis la receta del helado de plátano y mango que también es uno de mis favoritos, y el ligerísimo de frutos rojos.

PERAS A LA VAINILLA EN SALSA DE CÍTRICOS

Las peras cocidas son muy populares, en compota o al vino, porque son dulces y ligeras, y resultan un postre saludable y muy digestivo. Esta versión que os presento de peras a la vainilla en salsa de cítricos, además de ser un postre precioso, está de-li-cio-so.

INGREDIENTES

- 4 peras
- 2 naranjas
- 2 cucharadas de miel artesanal
- 1 vaina de vainilla o unas gotas de esencia de vainilla
- 1 cucharadita de ralladura de limón
- 1 rama de canela

Pelamos las peras, dejando el rabo sin quitar. Retiramos una rodaja fina de la base para que se mantengan en pie y las colocamos en un cazo o una cazuela pequeña pero alta, de modo que se pueda cerrar la tapa.

Rallamos una de las naranjas y exprimimos las dos.

Mezclamos el zumo de naranja en un cuenco con la miel, removiendo bien. Lo vertemos sobre las peras, y agregamos la ralladura de limón, la ralladura de naranja, la rama de canela y la vaina de vainilla abierta con todas sus semillas, o las gotas de esencia.

Llevamos al fuego, tapamos y cocinamos durante 20 o 25 minutos a fuego lento hasta que las peras estén tiernas. Vigilamos para que no se queden sin líquido, y si así fuera agregamos un chorrito pequeño de agua. Retiramos del fuego y dejamos reposar unos minutos.

Servimos calientes, templadas o frías.

SABÍAS QUE... La pera posee más de un 80 % de agua, es rica en potasio, calcio y magnesio, y tiene un gran poder diurético. Es uno de los alimentos más aconsejados para paliar el problema de la retención de líquidos y una de las frutas con más alto contenido en fibra.

MÁS SALUDABLE Para hacerlo más saludable aún, utilizad sirope de agave en lugar de miel.

ARROZ CON LECHE AL AZAFRÁN CON COCO Y PISTACHOS

Como buena asturiana que soy, me encanta el arroz con leche, como no podía ser de otra forma, una receta tradicional en mi familia, de un auténtico arroz con leche asturiano. Pero fuera de nuestra gastronomía se prepara arroz con leche también, con otros arroces y otros aromas, como este que os presento con almendra, coco, azafrán y pistachos, que nada tiene que ver con el de mi tierra, pero que es una delicia también. Por supuesto, adaptado como todas las recetas de este libro a una versión saludable.

INGREDIENTES

- 100 g de arroz basmati
- 1 litro y ¼ de leche desnatada
- 5 cucharadas de azúcar moreno
- 1 cucharada colmada de almendra molida
- 1 cucharada colmada de coco rallado
- ½ cucharadita de hebras de azafrán
- 2 cucharadas de pistachos

Ponemos a remojo las hebras de azafrán en un poco de agua caliente y reservamos.

Echamos el arroz en un colador y lo lavamos bajo un chorro de agua fría removiendo con la mano.

Vertemos en una olla el arroz lavado y la mitad de la leche y lo llevamos al fuego. Cocinamos durante unos 20 minutos, removiendo con una cuchara de vez en cuando.

Cuando esté tierno, apartamos del fuego, y con un majador o una cuchara, lo chafamos un poco aplastándolo contra el fondo y las paredes de la olla.

Llevamos de nuevo al fuego, agregamos el resto de la leche y dejamos que hierva a fuego lento, hasta que comience a espesar.

Agregamos la almendra molida, el coco rallado, el azafrán y el azúcar moreno y cocemos durante 8 minutos más, mientras continuamos removiendo.

Vertemos en cuencos y servimos con pistachos picados por encima.

SABÍAS QUE... Los pistachos son una gran fuente de minerales, sobre todo de potasio, que regula la presión arterial y la eliminación de líquidos de nuestro organismo, y de magnesio, un gran aliado para paliar los nervios, el estrés y la ansiedad. Además son ricos en vitamina E y del grupo B.

MÁS SALUDABLE Para una versión más saludable aún, podéis sustituir el azúcar moreno por azúcar de coco o azúcar integral de caña.

VARIANTE Podéis sustituir la leche de vaca por alguna bebida vegetal a vuestro gusto.

EN LA WEB En www.isasaweis.com y en mi otro libro de cocina, La cocina de isasaweis, tenéis la receta tradicional asturiana del arroz con leche de mi abuelita, que no os podéis perder. Hacedla para un día especial y compartidla con quien queráis, porque es una joya.

ÍNDICE DE INGREDIENTES